本教材受中国政法大学教务处"法哲学与法理论口袋书系列"项目（1011／0111006402）及中国政法大学法学院双一流学科建设资金资助，特此鸣谢！

"法哲学与法理论口袋书系列"教材
雷 磊 ‖ 主编

法学方法论入门

［奥］弗朗茨·比德林斯基　　［奥］彼得·比德林斯基／著
（*Franz Bydlinski*）　　　　（*Peter Bydlinski*）

———— 吕思远◎译 ————

Grundzüge der juristischen
Methodenlehre

（原书第三版）

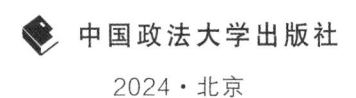

中国政法大学出版社
2024·北京

法学方法论入门

**Grundzüge der juristischen Methodenlehre, 3. Auflage
by Franz Bydlinski and Peter Bydlinski**

ISBN 978-3-8252-4975-5（utb）
ISBN 978-3-7089-1676-7（facultas）

Copyright © 2018 Facultas Verlags- und Buchhandels AG

Published by arrangement with Facultas
Verlags- und Buchhandels AG

著作权合同登记号：图字 01-2023-2267 号

总　序

"法理学"(Jurisprudenz, jurisprudence) 之名总是会令初学者望而生畏。因为无论是作为法的一般哲学理论的"法哲学"(Rechtsphilosophie, legal philosophy), 抑或是作为法的一般法学理论的"法理论"(Rechtstheorie, legal theory), 虽从地位上看属于法学的基础学科分支, 但却往往需要有相当之具体专业知识的积累。在西方法律院校, 通常只在高年级开设法哲学和/或法理论课程, 法理学家一般情况下也兼为某一部门法领域的专家。有关法的一般性理论研究的专著往往体系宏大、旁征博引，同时也文辞冗赘、晦涩艰深。这些论著大多以具备相关专业知识之法学专业人士为假定受众，非有经年之功无法得窥其门径与奥妙。

中国的法学教育模式与西方所不同。由于历史和现实的原因，法理学被列为法学专业必修课程的第一门，在大学一年级第一学期开设。统编教材罗列法学基本概念和基本原理，只见概念不见问题、只见枯死的材料不见鲜活的意义，往往使得尚未接触任何部门法知识的新生望而却步，乃至望而生厌。尽管有的法律院校（比如中国政法大学）同时在三年级开设了相关课程，且内容以讲授西方前沿理论为主，却又使得许多学生"不明觉厉"、畏葸不前。除去授课的因素之外，其中很大的一个原因在于，虽然目前我国学术市场已有为数不少以法哲学和法理论为主题的专著和译著，其中也有不少属于开宗立派之作或某一传统中的扛鼎之作，但却缺乏适合本科生群体的微言大义式、通览或概述式的参考读物。

总 序

有鉴于此，"法哲学与法理论口袋书系列"教材以法学初学者（主要为法学本科生、也包括其他对法理学感兴趣者）为受众，以推广法哲学和法理论的基本问题意识、理论进路和学术脉络为目标，拟从当代西方法哲学与法理论论著中选取篇幅简短的系列小书，裨使法理学更好地担当起"启蒙"和"反思"的双重功能。它的目标，在于让学生更易接近法理学的"原貌"，更能知悉法理学的"美好"，更加明了法理学的"意义"。为了便于读者掌握各本小书的思路、内容与结构，我们在每本小书的前面都加上了由译者所撰的"导读"。

德国哲人雅斯贝尔斯（Jaspers）尝言，哲学并不是给予，它只能唤醒。这套小书的主旨也并不在于灌输抽象教条、传授定见真理，而是希望在前人既有思考的基础上唤醒读者自身的问题意识、促发进一步的反省和共思。

雷 磊

2019 年 3 月 20 日

第三版序言

　　本书的第一版由我父亲独自创作。在过去的数十年里,他勉力追求恰当合用的立场,用尽可能理性的(或充分合理的)方式来对待法律规范,并以此为基础,创作了这本书。当适用情况变得棘手的时候,即便是老到的法律适用者也不能仅仅指望自己的法感和(主观的)正义观念。他毋宁需要用到那些偶尔费时费力的方法论手段。应予说明的是,对这些手段做有意的简明表述——毕竟作品应

第三版序言

该被尽可能多的人阅读,而不是借助篇幅来吓退人们——不仅降低了难度,而且也标示了一些重点。本书的重点是那些实践法律人(除大学生以外,该作品的首要对象就是他们)一再需要帮助的地方:对法律规范的解释,对(可能)有漏洞或者过度包含的规定所作的处理(关键词:类比和限缩),以及对先例的处理——这些先例现在又再次展现出新的法律问题(关键词:法官法)。

这样的表述,一方面要达到一定的抽象层级,但同时也不能缺少一些用作解释的例子。本书摘引的例子大部分来自私法,并且主要来自奥地利私法,虽然也有其他来源。相较于第二版,我在第三版中又增加了许多例子。而且,我也尝试让学生来试读,也即我的学生助理迈克尔·奥蒂(Michael Otti)和伊丽莎白·帕尔(Elisabeth Paar),以针对今天的读者提高语言上的可接受性。在第三版中,被扩充并添加的现代例子主要在"新现象:合欧盟法的解释"一节;该主题涉及最近在奥地利和德国引起极大关注的、担保法上的联系,并且在相关的法律发现的可行性界限方面,引发了密集讨论。

本书的内容——基于其所处理的素材——始终是高质量的。正因此，为了不让读物变得更复杂，我更多地使用一般阳性名词来做指称，而且仅个别补充了阴性形式。借助"法律人"（Jurist）*一词，我一并指代男性和女性的法律人，对于"法官"（Richter）一词，情况同样如此。

在这个新版中，大学助理马丁·特鲁默（Martin Trummer）为我提供了非常有价值的帮助。另外，我也希望先父能够满意这部作品现在的样子。

彼得·比德林斯基

2018年9月

于格拉茨

---

* 根据德语词性规则，"Jurist"指男性的法律人，"Juristin"指女性的法律人。但在这里作者为了表述的简练，用阳性名词"Jurist"一并指代全体法律人。——译者注

第一版序言

眼前的这本小书是我对自己的方法论观点做的导引性总结,就像这些观点在我的三本书*和无数论文中所表述的那样。本书最初是在2003年由维也纳经济大学的中欧与东欧经济法研究所出版的;作为"职务作品"系列的一篇,本书系面向小范围的、与这个研究所有关联的感兴趣者而出

---

* 作者并没有说明这三本书分别是什么,但是一般认为,本书作者弗朗茨·比德林斯基在方法论上的代表作品是《私法的体系和原则》《法学方法论与法概念》《基础法律原则》这三本。——译者注

版的。其内容以我2003年开设的讲授课为基础。我当时受到院系、"奥地利法律学校"和"捷克德语区法律研究会"的邀请，在布尔诺的大学里开设了这些课程。

另外，公开出版的想法受到了彼得·多拉特（Peter Doralt）教授的鼓励。他也居间促成了出版合同的签订。对于他的帮助，我不胜感激；同样要感谢的，还有出版社不厌其烦的通融关照。针对——在方法论上得到约束的——法律发现的任务、可能性与界限，会有很多不恰当的、令人误解的、有时精深的表述；而这样的导论作品相较于那些厚重的、因而很少被完整读过的大部头作品，可能更适于使年轻的法律人免疫其中的极端表述。

弗朗茨·比德林斯基
2005年7月
于玛丽亚 安塞斯多夫
（Maria Enzersdorf）

目录
CONTENTS

总　序 · 001

第三版序言 · 004

第一版序言 · 007

《法学方法论入门》导读 / 吕思远 · 001

第一章　导论：法学方法论的概念和目的 · 031

Ⅰ. 概念和任务 · 031

Ⅱ. 方法论的必要性 · 032

Ⅲ. 对立模式 · 035

Ⅳ. 法律适用的方法论——全部还是单个法律领域？· 042

第二章　（狭义）法律解释 · 046

Ⅰ. 文义解释（语法解释）· 046

　1. 澄清 · 046

  2. 示例·047
  3. 解释材料·047
  4. 简单案件与单纯涵摄·048
 Ⅱ. 体系-逻辑解释·054
  1. 解释材料·054
  2. 例子·055
 Ⅲ. 历史（主观）解释·058
  1. 解释目标的主客观之争·058
  2. 解释材料·059
  3. 例子：ABGB 第 578 条·062
  4. 谁是"立法者"？·065
 Ⅳ. 客观-目的论解释·069
  1. "客观目的"？·069
  2. 基本模式·070
  3. 目的论-体系解释·073
  4. 符合"事物本质"的解释·077
  5. 借助归谬推理的解释·082
  6. 符合上位法（主要是宪法）的解释与规范冲突·087
  7. 比较法解释·091
  8. 经济学视角在解释中的意义·094
 Ⅴ. 新现象：合欧盟法的解释·096
  1. 出发点·096
  2. 一个具体例子中的适用问题·098
 Ⅵ. 统一法的解释·103

Ⅶ. 疑难案件中的解释·104

1. 特征·104
2. 复杂的争议问题和法律理论·107
3. 举例说明（兼谈法律原则及其冲突）·110

第三章　填补性法律续造（主要是类比和限缩）·120

Ⅰ. 基础·120

1. 与狭义解释的关系·120
2. "一般消极命题"·125
3. 制定法漏洞·127

Ⅱ. 类比和反面推理·134

1. 表面上的"跷跷板"·134
2. 类比推理的种类·139
3. 类比中的强化类型——当然推理·142

Ⅲ. 目的论限缩·144

Ⅳ. 一般法律原则的适用·147

1. 总论·147
2. 原则的性质及其查明·149
3. 原则漏洞·154
4. 例子·155

第四章　法律发现方法的位阶·161

Ⅰ. 抽象的位阶问题·161

1. 通常的实用主义做法·161
2. 位阶问题的理论证成·164

3. 其他模式·165

Ⅱ. 必要的修正·167

　　1. 特别情形中的现行法界限·167

　　2. 通过"功能变迁"来拓宽现行法界限·172

　　3. 一般条款的具体化·176

Ⅲ. 具有特殊优先地位的合欧盟法解释?·178

第五章　"法官法"的意义及其适用·180

Ⅰ. 现象及其实际意义·180

Ⅱ. 对法官法的法律意义的争论（兼谈习惯法）·186

　　1. 基本定位·186

　　2. 法官法与习惯法·189

　　3. 制定法的优先性·192

Ⅲ. 有限约束力学说的不同进路·196

Ⅳ. 补充性约束力学说·198

Ⅴ. 实践结果·209

Ⅵ. 一些细节·212

Ⅶ. 司法裁判变迁是孤立问题吗?·215

推荐书目·227
关键词索引·232

《法学方法论入门》 导读

吕思远

一

在过去近二十年来的法学发展中，方法论的发展十分繁茂，这一点从相关论著、译著的数量上便可见一斑。作为一个相对独立的知识领域，部门法学者为法学方法论[1]提供实践养分、不断锤炼着它的实践适用性，法理学者则对方法论问题进行抽象思考、追问着法律适用方法的理论根据与动向。这林林总总加起来，就使得一谈起"方法论"这个名称，不

---

[1] 在相关的作品中，对法律适用方法的表述主要包括"法学方法"和"法律方法"这两种。对这两个概念的区分，参见郑永流：《法律方法阶梯》（第4版），北京大学出版社2020年版，第一章。但本文无意对这两者进行区分，在表意层面，两个概念均指向法律适用方法，这一点并无疑问，只要参看出版时间较早的拉伦茨教授的《法学方法论》和较新的克莱默教授的《法律方法论》与默勒斯教授的《法学方法论》这三本书的相关章节，比较相关内容，就能发现它们在篇章设置和内容安排上的相似性。因此，为了与本书名称相对称，这里统一适用"法学方法"和"法学方法论"。

少同学就会犯怵。他们或许会立刻在脑袋里浮想出由陈爱娥教授翻译的卡尔·拉伦茨的《法学方法论》一书，再加上旁人对这本书翻译风格的一番评点，最后就只是让这本书静静地躺在购物车里，再也不动半点心思。而且，在本科阶段的学习中，方法论的传授更多是附随在部门法课程中，比如在民法总论中专设一节"民法的解释"，在刑法总论中专设一节"刑法的解释"。这样做本身是无可厚非的，因为方法论的功能更多就体现在实践运用中，只有通过不断的案例研习，才能对这些抽象的法律适用方法有更深的体会。时下风靡的鉴定式案例分析正是磨练方法论功夫的合适对象。这正对应了一句古语，"师傅领进门，修行在个人"。要想知道自己对于法律适用方法究竟有多深的思考，无疑要用具体的案件来加以考验才行。

但是，如果说"修行在个人"看的是研习者本人对这些方法的体悟与运用的话，那么在"师傅领进门"这个预先阶段，研习者首先面临就是以谁为师的问题。除了大家耳熟能详的拉伦茨、克莱默、魏德士这些欧陆学者的作品之外，国内学界也不乏精通方法论的优秀教义学者。在这个意义上，由弗朗茨·比德林斯基教授创作、其子彼得·比德林斯基续修的这本《法学方法论入门》无疑是一个不错的选择。这一方面得益于私法大师弗朗茨·比德林斯基教授的背书，另一方面也体现在两位作者对内容的用心与真诚。在这里，我们可以先来认识一下这两位学者。

弗朗茨·比德林斯基（1931—2011），奥地利法学家。他于1954年在奥地利格拉茨大学获得博士学位，1957年又在奥地利著名法学家瓦尔特·威尔伯格（Walter Wilburg）的指导下完成了教授资格论文，主题为劳动纠纷中的合同法与损害赔偿法。由于在童年经历了纳粹的极权主义压迫，这段经历影响了比德林斯基的基本价值观点，他反对极权主义的国家暴力，认为民法调整下的社会领域是独立于国家而存在的。在制定法解释方面，他不仅将制定法文义当作主要的解释基础，同时也关照到制定法背后利益纠葛与立法者的价值判断。他的三部作品《私法的体系和原则》（System und Prinzipien des Privatrechts）、《法学方法论与法概念》（Juristische Methodenlehre und Rechtsbegriff）、《基础法律原则》（Fundamentale Rechtsgrundsätze）都是法教义学讨论中的重要文献。

彼得·比德林斯基（1957— ），弗朗茨·比德林斯基教授的次子，奥地利法学家。他先后在维也纳大学和林茨大学取得法学博士学位并通过教授资格考核，自1987年至1999年，辗转供职于格拉茨大学、慕尼黑大学、汉堡大学、帕绍大学和罗斯托克大学,自1999年起任职于格拉茨大学,担任民法、比较法和国际私法研究所的教授。自2022年10月以来,他还在维也纳经济大学任教。或许正因为他是唯一承袭父亲民法学研究事业的孩子,所以他也当之无愧成为续修本书的最佳人选。

这本书是一部导引性作品,在德语法学书中的定位是"Handbuch",从字面意思就可以看出,是适于读者捧在手心研读的小书,因此十分适于初学者了解法律方法的基本内容与结构。但同时,本书也汇集了一些弗朗茨·比德林斯基教授的独特见解,因此亦为学人管窥大家学问提供了部分素材。本书第一版是弗朗茨·比德林斯基教授在布尔诺授课的讲稿。经由第二版再到眼前的第三版,彼得·比德林斯基教授对本书做了很大调整,他增加了许多关于欧盟法和统一法的内容,并且为了匹配本书的入门属性,大篇幅地增加了例子来对方法论的抽象规则进行具体说明。出版社因此最终将他与其父列为了第三版的共同作者。[2]由于翻译和审校已经花费了相当长的时间,所以无法顾及本书2023年更新的

---

[2] 但是因为本书的观点大多得自弗朗茨·比德林斯基教授,所以后文所称的"比德林斯基"仅指弗朗茨·比德林斯基教授。

第四版。好在第四版也只是对作者顺序和部分表述进行了调整，不涉及实质主张的修改，因此对眼前的中译本亦影响不大。前人创作，后人续修，正是这本书不断保持活力的重要保障。如果直译，本书的名称应该是《法学方法论的基本特征》，但思虑再三之后，我还是将译名最终确定为《法学方法论入门》。之所以这么做，主要是为了标题的简洁，使读者在看到标题的时候立刻就能知道，本书旨在对法学方法论做导引性的论述，书中的内容多是初学者登堂入室所需内容，因此，本书并不对法学方法论的内容做全面而详尽的表述，后者是高阶的方法论作品要涉及的。

全书共包含五个章节。第一章"导论"是全书的开篇，涉及法学方法论的概念、任务与根据，作者试图通过这一章的内容让读者明白，法学方法论是什么，以及我们为什么要研习方法论。而后的第二、三章是方法论的常规内容，涉及法律解释与法律续造。而后，在第四章"法律发现方法的位阶"中，作者主要谈论两点，证成法律适用方法的位阶秩序（Rangordnung），同时对这种位阶秩序加以必要的修正性说明。最后，第五章"'法官法'的意义及其适用"是比较理论化的一章，关注点是法官法的约束力问题，作者在批评既有的法官法理论的同时，主张法官法具有补充性的约束力。在后述的各个部分中，我将对各个章节做详细导读和观点提取，以方便读者更快地进入对本书的阅读之中。

二

第一章开篇，作者便强调道，法学方法是法教义学的方法，不是法律史学、法社会学、法哲学或法政策学的方法。那么，在问及法学方法的概念之前，什么是法教义学呢？"法教义学"这一表达译自德文"Rechtsdogmatik"，在我国台湾地区则表述为"法释义学"。这两种中文翻译方式各有千秋，法教义学强调的是实在法规定作为法律人工作前提的重要地位，而法释义学强调的则是法律人处理实在法时的作业方式。如果想要界定法教义学的工作，不妨分三步去看待——研究对象、研究态度、研究方法。第一，法教义学的研究对象仅仅是现行有效的实在法规定，这一点有别于法律史学、法社会学、法哲学等其他学科，后者的研究对象即便是实在法规定，也未必是现行有效的实在法。第二，法教义学的研究态度是，"认真对待法律规范与规范性"[3]，

---

[3] 参见雷磊：《法教义学的基本立场》，载《中外法学》2015年第1期。

这是一种对法律事业的内在态度，具体体现为：①在裁判理论上坚持以法律规范作为司法裁判的依据，②在概念论上坚持法律是一种规范，而不能被还原为价值和事实，③在法学理论上主张规范性立场，而上述的其他学科则秉持对法律事业的外在态度。第三，法教义学的研究方法是对现行有效法进行意义阐释、概念建构和体系化。[4]而法律史学、法社会学、法哲学都是使用来自历史学、社会学、哲学的方法或思想资源来分析法律问题的做法。虽然在雷磊教授的论述中，法教义学的方法并不完全等于法学方法，但是以"对法律规范的意义阐释"为核心内容的法学方法仍然是法教义学方法的主要部分。

那么，紧随的一个问题便是，为什么法教义学需要方法论呢？答案自然不能简单以"所有的学科都要有自己的方法"这个主张来敷衍。这进一步涉及方法论的功能。比德林斯基主张，方法论的功能在于弥合事实与规范之间的隔阂，从而尽可能限制法官在弥合隔阂过程中的恣意活动，保证法律适用的有序与合理。如果要理解这种隔阂，便要回到司

---

[4] 参见雷磊：《法教义学的方法》，载《中国法律评论》2022年第5期。

法裁判的结构中去，而这也是比德林斯基未言明的。与判例法国家相区别，在以制定法为主要法律渊源的国家中，司法机关作出的裁判需要以明确的制定法规定为前提。这也就使得司法机关的推理要严格以现行有效的制定法规定为前提，是从作为大前提的一般规范到作为小前提的个案事实的演绎推理的过程。但是一般性表述的法条尚不能被直接用作演绎推理所需的大前提，它必须首先被整理为"行为模式+法律后果"这样的法律规则的模式。然后，我们再通过对这个整理后的法律规则的意义阐释将它处理成适配于个案的规范。所以，比德林斯基也强调"法律工作的目标是尽可能合理地发现法律规则"，这里的规则并不是制定法规定，而是被整理过后的法律规则。

但方法论如果只是在功能层面服务于特定目标的话，那它就势必在无法充分实现这些目标的情况下面临被取代的风险。经过比德林斯基教授的整理，对立的立场有三种：①制定法实证主义的立场——认为在制定法规定之外没有任何可适用的规范存在，因此主张严格的制定法约束，一旦某个事实没有被制定法所明文规定，那么法官自然也无需作出裁判。②法律现实主义的立场——否定方法论的价值，认为方法论的适用无非是先有结论后有理由的做法，理由只能起到装饰作用。③实证化方法论的立场——认为纵使方法论因为批判而沦为一种单纯备选的技术标准，但我们仍能够从实证法规定（尤其是实证宪法的规定）中获得法定的技术标准［如《奥地利普遍民法典》(ABGB) 第 6 条的规定］。但比德林斯基教授认为，方法论标准并不是从任何形式层面的实证法律创制中得出的，而是源于"法理念"的基本原则，即正义、法安定性与合目的性。正是这些基本原则对方法论标准的正当化，方法论标准才是不可替代的。通过方法论标准的指引，"人们紧接着要尽可能专注、谨慎地去寻找被最佳证立的答案"，并且在证立的过程中，不断挤压法官的"个人价值判断"的存在空间。

最后他又捎带一提方法论的统一性问题，他认为共同的方法论标准是可能的，因为所有的方法论标准都是法理念在法律适用方法中的具体化。在部门法领域中的特殊方法要求，如刑法中的严格文义要求，"这些方法不过是在一整个方法目录中省略或额外强调某一个方法罢了"，最终还是会回溯到证立方法论准则的法理念上。

三

法律解释方法是方法论作品中的"常驻嘉宾",也是方法论中被频繁运用的主要部分。在第二章的次序排布上,比德林斯基教授别出心裁地按照他认可的位序将这些解释方法——排布。随着解释层级的逐渐深入,法律获取材料也变得更加难以获得、更加不确定,更先的解释阶段会在个案裁判过程中,承诺更多地具有可预测性、能容易均等地适配个案事实,以及说理上的简洁明了。对于常用的四种解释方法——文义、体系、历史、客观目的解释,他都——谈及,其中对客观目的解释着墨最多。这么做的原因主要在于,他将那些被不断填塞进方法论体系中的"创新"解释方法一并视为是对客观目的解释的扩充,因为这些"新"方法都只是对方法论理性预设的某个角度的推演罢了。当然在这个过程中,时新的合欧盟法的解释、统一法的解释也并未被遗忘,通过第二作者彼得·比德林斯基教授的努力,它们最终被放在了解释方法的最末位。此外,作者还一以贯之地使用关于遗嘱有效性的例子来对这些解释方法做具体展示,这样就使得读者在阅读的时候能够通过同一个案例感受不同解释方法所侧重的角度。这里不再对各种解释方法本身二次解读，而只是对书中的主要观点进行总结列述。

文义解释是诉诸一般语言经验或专业语言经验对制定法规定进行解释的方法。通常情况下，人们会参考绝大多数人所使用的一般语言用法来理解制定法中的词句。有时，这些词句自身的特殊语言用法具有优先性，这尤其体现在对各种专业术语的解释中。通过区分"概念核""概念晕"，作者将在前者范围内的案件称为简单案件，而在后者范围内的案件则往往需要借助其他解释方法来进一步论证。但在简单案件中并不是只进行单纯的文义解释就可以了，作者提示道，简单案件也需要"对比检验"。在检验过程中，不仅要将拟定结论与语词多义性下的其他可能性做对比，也要将它与借助其他解释方法得出的结论做对比。当然按照作者的说法，这种检验更多体现为内心的处理，而不涉及外显的论证步骤。

体系解释诉诸的解释材料是同一部制定法中的其他规定的内容，有时则是其他制定法中的与待解释规范有体系关联的规定内容。这些解释材料的选取根据或者是数个规则的外部排序，或者是它们在调整事项上的相关性。除此之外，解决规范冲突的规则，即关于一般法和特别法、新法和旧法的优先性规则，也是体系解释的一部分。此外，作者还强调了一个在体系解释中不应忽视的要求：默认每个规则都是有意义的。体系解释不应当因为特定规则与其他规则的关系，完全排除该规则的适用范围，也即将该规则解释成完全不可适用或不必要的，而且是无意义的；除非这种不可适用性是由其他解释标准——通常是立法者目的——明确导致的。而且，从内部体系和外部体系的区分来看，这里的体系解释仅涉及外部体系层面，至于内部体系层面的体系解释则放到客观-目的论中。

历史解释则提供了回顾过往材料的更多可能，它要求解释者去①考察待解释规范被颁布之前的法律状况；②对比制定法规定与当时法学文献的观点，尤其是那些影响到法律起草的作者的观点；③比较制定法与草案规定；④考察制定法材料，也即制定法产生过程中的所有书面材料。然后，作者大篇幅地回应了历史解释中常常面对的主客观法律目标之争，也即对于法律解释而言，历史上的立法者在创制规则时的目的和由人类理性根据现实情境为规则选取的目的，两者孰优孰劣的问题。然后，作者进一步认为，主客观法律目标的争论没有意义，至于谁是立法者这个问题则根本就是个伪问题。真实的、个人意志上的立法者是君主；拟制的、集体意义上的立法者是议会，但这些都没有必要，因为不管是君主，还是议员、党派专家都未必会了解他所颁布的制定法。我们最好还是把"立法者"理解为"参与相关立法活动的所有官方或非官方的真实的人"的一个简称。"立法者意志"则是一个完全真实的人类意志，是这群参与者中的某个或某些人的意志，这个意志在而后的立法程序中得到了普遍接受。所以对于历史解释而言，关键不是追问立法者是谁，这个问题在形式上去探讨制定法效力的时候或许重要，但是在法律解释的过程中却是一种舍近求远的做法。单方面锁定历史目的和客观目的的做法都是不可行的，最重要的是解释者必须找到能够在当代法秩序和今日法律共同体中得到最佳证立的解释。

在本书的论述中，客观-目的论解释的内容则更丰富一些。这种解释方法的根据在于，制定法并不全然是专断-偶然的产物，它的创制通常也在追求理性的、可重构的目的，它的适用也要符合法律的核心原则（如正义、法安定性、合目的性）。相应的步骤则是，解释者根据一般经验，从一位见多识广、以法体系为基础的评判者的立场出发，找出最合乎理性要求的目的假定。目的-体系论解释也是客观-目的论解释的一部分，这种做法主要是贯彻平等原则的要求。但在这里，平等原则是法律体系的无矛盾性要求的另一种表述，而目的的作用在于，填充平等原则的不完整性（因为平等原则并不包含任何等和不等的判断标准）。人们根据法秩序的其他地方（也即待解释制定法之外的法律）的目的设定和价值判断来进行填充。此外，目的-体系论解释还要求解释者做合乎上位法的解释。当出现上下位规定冲突的时候，废止或不适用下位规范是宪法法院经常做出的决定。但这种做法会损害到法律安定性，因此更为稳妥的做法是，在下位规范的解释空间内选择不冲突的解释。

此外，作者还将合乎"事物本质"的解释、归谬论证、比较法解释、解释中的经济学视角一并置于客观-目的论解释之中。前已述及，这样做的根据在于，所有这些"新颖的"解释方法其实都是从法理念中获取正当性的。"事物本质"（Nater der Sache）这个概念具有浓厚的观念论色彩，但放在法律适用过程中，它值得关注的内容有两种：①被表述为"规范领域的事实"的语句，例如当建筑法要求"禁止使用有害建筑材料"的时候，"石棉是有害建筑材料"就是这一规范领域的一个事实；②从"事物本质"中揭示出特定的规范性内容。这种规范性内容之所以能够在法律解释过程中得到运用，是因为它涉及的是一个典型的、在人类共同生活的现实中经常以同样方式出现的生活关系。归谬论证是通过绝大多数人的共同法律意识来拒绝某个结论,其根据在于法秩序是特定法律共同体的法秩序,因此其单个结论应该尽可能与这个共同体中绝大多数人的法律意识保持一致。这也是法律安定性的要求。比较法解释将其他法秩序对同一事物作出的规定当作解释材料,这样做的根据在于这些规定是不同的法秩序对普遍基本原则之具体化进行的不同尝试。解释中的经济学视角并不构成一种独立的目的论解释,因为它更适于作为一种标准来比较各种目的之间的优劣。

但当法律人面临疑难案件的时候,通过上述的适用顺序来解释制定法的做法并不能保证得出可用的答案。因为这些解释方法会指向不同的方向,它们的论证强度也各不相同。在这种讨论背景下,作者突出强调了法教义学理论和原则权衡在法律解释中的重要性。面对疑难案件,法教义学的做法在于从连贯的基本观念(Grundvorstellung)中,给核心问题以及附随的相关问题,提供一个统一的、连贯的、在体系和事实上适当的解答。在这种思路下,法教义学理论具有两个优点:①连贯性:理论是一系列命题的集合,这些命题之间不会产生冲突,而且这些命题的一部分能从其他部分中推导出来,并且能够得到部分检验。②可检验性：法律人可以用大家所熟悉的法律状况、在实践中可用的内容，或者大多数人认为合理的内容来检验理论。此外，原则也并非仅用于法律漏洞的填补，它在解释阶段就已经出场。因为不同的解释主张背后其实涉及不同原则之间的冲突，就像是遗嘱案例中遗嘱自由与形式严格原则之间的冲突。在这里，发现各解释主张背后的价值判断冲突只是第一步，最重要的是如何通过说理来解决价值冲突。

四

"填补性法律续造"这一章共分为四个部分，第一部分旨在澄清法律续造与法律解释之间的关系，第二部分主要强调类比推理与反面推理，以回应规则的文义所包含的内容要比其目的所对应的内容少的问题，第三部分涉及目的论限缩，以回应规则的文义所包含的内容要比其目的所对应的内容多的问题，第四部分讨论一般法律原则的适用。我们可以看出，从第二、第三到第四部分是逐渐摆脱制定法规定去进行法律续造的过程。

对于法律解释与法律续造之界限的讨论，存在两种可能的答案：①可能语词含义；②立法者目的。

但围绕这两种答案的争论却并不罕见。比德林斯基认为，既然没办法进行极尽精确的区分，而且自己的观点又肯定不符合这种要求，那么这种普遍存在的反驳态度就没什么作用。合适的做法在于，如果一种界定本身与既往主张一样在事实和体系上是合理的，且相较而言更精确，那么便是更可取的。进而，他主张采用"可能语词含义"作为区分标准，而其根据在于，可能语词含义能够最大限度地保障法律安定性，以及人们对法律的可预期认识。同时，可能文义标准能够将与法律无关的事实排除出去，也即区分出法外空间与法律上可评判的事实。余留下来的部分则通过实证规定的语词和一些其他方面的内容（如原则、目的）来得到进一步确定。也即，可能文义范围划定了一个更加明确的否定项（法外空间），同时也为肯定项提供了可能性（语词含义和原则、目的层面的理解都会影响到可能文义标准）。

在划定法律续造边界的过程中，作者也尽可能与主流观点进行对话。拉伦茨认为，制定法漏洞是既存法律规定的"违反计划的不完整性"。[5]比德林斯基主张对这种说法做进一步的现实主义思考。因

---

〔5〕［德］卡尔·拉伦茨：《法学方法论》（全本·第6版），黄家镇译，商务印书馆2020年版，第460页。

为并不存在一个这样的针对整个制定法秩序的全面计划，我们只能局部地看到，具体制定法规定背后的，不能被连贯且充分实现的目的和原则。同时，作者也反对拉伦茨将目的论漏洞处理成"不真正漏洞"的做法。因为如果回溯到对这种漏洞的填补操作的话，其实它跟一般的制定法漏洞并无区别。

当规则文义所包含的内容比其目的所对应的内容少的时候，法律人便需要采用类比推理与反面推理的方法来进行漏洞填补。前者的做法在于，由于规则的目的同样"适于"问题情形，所以将得出文本上不可用的规则（如书中谈及的质押规则）与问题情形（如书中谈及的让与担保）的关键相似性（以及两者的类比），进而将起始规范演绎适用于待处理的、为制定法文本所不能够囊括的案件问题。反面推理的做法与类比推理正相反。对于它们而言，最根本的其实是相似性判断，也即通过目的层面的考虑来将起始规范所包含的事实与待评判的并未为制定法文本涵盖的事实进行比对。此外，在这个过程中得以适用的当然推理（举轻以明重、举重以明轻）只是类比推理的强化版本，二者并无根本区别。

当规则文义所包含的内容比其目的所对应的内容多的时候，法律人便需要采用目的论限缩的方法来进行漏洞填补。但是用目的限缩法律规则文义的做法往往与用目的去解释法律规则的做法相似。对此，作者提供了一个标准：规则文义所包含的内容如果在"概念核"的层面上比其目的所对应的内容多，这时要用到的是目的论限缩；规则文义所包含的内容如果在"概念晕"上比其目的所对应的内容多，这时会涉及限缩性目的论解释。

在第四部分"一般法律原则的适用"中，作者主要讨论了原则的概念、原则的查明以及对原则漏洞的检验这三个主要内容。首先，在法律续造的过程中，由于能够借助的制定法材料并不多，所以直接诉诸法律原则的法律发现是不可避免的。作为某一法律领域的指导性思想，一般法律原则是整个法律复合体的基础，如私法的意思自治原则、刑法的罪刑法定原则；因此，它们在内容范围上不同于特定、单个的制定法目的和制定法理由，在规范结构上也不同于能够被划分为构成要件和法律后果两部分的法律规则。[6]其次，查明原则方法有两种：①从制定法中抽象化出其基本思想；②从不依赖于法律的具体实践中观察得出人际交往的基本思想。上述第一种方法是一种归纳的做法，能够最终导向

---

[6] [德]卡尔·拉伦茨：《正确法：法伦理学基础》，雷磊译，法律出版社2022年版，第14页。

最基础的法律原则（法理念）。但仅仅依靠归纳势必会迷失在抽象的概念与价值思考中，因此还是要回到实践中进行验证。所以要结合这两种方法去查明法律原则。最后，对原则漏洞存在与否的认定需要经过相似性检验和完整性检验这两步操作。前者要去检验，待评判的问题情形是否至少与为特定单个规则所涵盖的情形是相似的，以及对该问题的法律评判无论如何都是必要的，也即不考虑将之归于"法外空间"。完整性检验则是首先涉及对法律生活中的典型生活关系的权衡，如果这一生活关系值得被调整，同时制定法并未加以更好的调整，那么这里就是存在原则漏洞的。

五

在交代完所有的法律适用方法之后，作者只是强调他所安排的各方法的节次顺序在通常情况下足以作为各种法律方法的位阶顺序来使用。而且只有当提出的问题在早期的单个或多个阶段仍不能解决的情况下，才会进一步采用后面的方法。但是，即便法律适用者借助在先的方法已经能够得到明确可用的答案，也不能掉以轻心，需要进行对比检验，也即从（在迄今的结论获取中并未用到的）更远的方法阶段得出结论，与已经取得的结论进行对比。因为，法律适用的过程不仅仅涉及对语言模糊性、不明确性和多义性的逐步消除。语言层面的证立只是第一步，在我们完成语言证立之后，仍然可能会存在更为基础的价值冲突或不合目的性。

这种通常情况下的方法位阶顺序之所以合适，是因为随着方法论层级的逐渐深入，法律获取材料也变得更加难以获得、更加不确定，就像是从制定法文本到有据可考的主观立法目的再到无法准确验证的过渡一样。更先的方法论阶段会在个案裁判过程中，承诺更多地具有可预测性、均等性（Gleichmäßigkeit）和说理上的经济性（Begründungsökonomie）。但这种位阶顺序的安排作用有限，只有在各种方法提供的论据是强度相当的且对立的时候，这种优先性关系才是可行的。而一旦强度差别并不相当的时候，就需要打破这种固定的位阶顺序而进行全面的权衡。

但上述说法往往会招致批判者们的攻击：如果没有一个一劳永逸的固定位阶顺序，那么方法论在指引法律发现、限制司法恣意方面就毫无价值。面对这种攻击，更为常见的回应是：诸单个解释要素只是统一的解释过程的一部分，因此必须始终被并列使用。对此，作者认为，如果每一个寻常的解释活动都对所有可以想到的解释材料进行全面考虑，那么，这种做法不仅缺乏理论性，而且（尤其）在实践上没有前景。因此，他主张，法律适用者只在简单案件中按照上述位阶顺序进行思考，辅之以对比检验，在疑难案件中则全面考虑各种解释方法，进行全面的价值权衡。于此，对比检验与全面权衡的差别在于，对比检验不需要被明确吸纳进对裁判或鉴定意见的证立中，尤其是在检验结论本来就消极的时候。但是，这种检验对于内部的自我控制而言，是不可或缺的。对比检验更像是作者对法律适用者的忠告，它未必会明文体现在相关的文本之中，但一定是法律人在司法适用时所不能遗漏的步骤。

最后，除了对对比检验和全面权衡的强调之外，作者还额外针对一些例外情形做了补充，例如只有在明显的极端情形中才可行的"违背制定法但合乎法律"的法律适用、法律条文背后的功能变迁（形式上的法律规定并无变化，但是其含义或所发挥的功能已经不再能实现预期效果）、一般条款的具体化、合欧盟法的解释。

六

在最后一章中，比德林斯基教授专门花了一章的篇幅讨论法官法（也即先例）的约束力问题。这种做法在近些年的方法论作品中并不罕见。法官法如此重要的原因或许在于，即使有数十条法律方法规则，也不足以保证法律适用者在面对类似案件时做出大致相当的反映。这就需要一个作为中介的解决方案储存机制，来保证法律适用者在案件情形相近的前提下，通过参照其他已生效裁判作出大致相当的判决，进而维护平等适用法律的基本要求。

在概念上，法官法是在证立法院裁判时被适用的规范性命题，但并非对实证法规定的简单复述。这一规范性命题储存着法官在疑难案件裁判中用于证立的方法论论据，并且已经在具体个案中获得了实效，其抽象程度介于制定法规则和个案判决之间。不过，之后的适用者应该在多大程度上尊重这个在先裁判中的规范性命题，这一点是存疑的。

作者将既有观点总结如下：

（1）第一种观点认为，法官法完全没有规范性意义，我们要从"技术-信息"意义上来看待它，把先例当作一种类似于教科书或者学术论文的"法律认识来源"（Rechtserkenntnisquelle）。

（2）第二种观点也否认法官法的规范性意义，但认为其具有"实践效力"。因为在先判例是一个社会学意义的事实，而且确实存在人们据以当作指引行动之准则的通行做法。

(3) 第三种观点认为法官法具有规范约束力。但同时,制定法的规定也就沦为单纯的纲要,完全不能在内容上对法官法提供有效的限定。所以法官法才是真正的规范,而制定法仅仅是规范的渊源。这一点与美国法学家约翰·奇普曼·格雷(John Chipman Gary)的观点非常类似。

(4) 第四种观点是一种居间立场。它并不拒绝总体上可识别的制定法内容的存在,而且把法官法视为与制定法同位阶的法律渊源,而且这些观点通常基于其习惯法属性,也部分地视之为法律的独立产生基础(Entstehungsgrund)。

作者认为,上述内容都没有把握到的一个关键点就是制定法的优先性或"立法者的特权"。制定法的优先性始终所指的并非作为公开且可查阅的文本的单纯集合,而是——以习惯法为例外的——整个法律体系;也即制定法规则,连同作为其基础的目的和一般法律原则,还有方法论规则。虽然 ABGB 第 12 条明确排除了法院裁判具有的与制定法等同的效力,但这并不意味着,法官法不具有规范性意义。

因此,他主张一种补充性约束力学说:①法官法的规范性约束力仅限于法官的法律续造领域,并且制定法解释领域中先例不具有约束力;②只有当法律纠纷中的先例没有在论据上被"攻击"的时候，它才具有决定性；③既定的法官法具有"推定"效力，当且仅当该法官法没有被驳倒的时候，它就是有约束力的。在承认制定法优先性的前提下，他所依凭的是正义原则和法律安定性原则的要求。

七

总体来看，这是一本浸润在弗朗茨·比德林斯基教授个人观点之中的小册子，其中的很多主张都是他独辟蹊径但又不失实用主义色彩的解读，包括但不限于他对法律解释的主客观目标之争的反驳、对解释方法位阶次序的独特认识。这些都是他源于实践、面向实践的真诚洞见。但除了进一步夸赞本书的定位与价值之外，同时也值得去坦率承认的是，不同方法论作品的主题思想和内容框架总归是大差不差的，比如都旨在追求司法裁判的合理性、都包括法律解释和法律续造、都强调原则在制定法解释中的重要作用。这种同质性甚至使得我们一看小标题就大体知道这一部分在讲什么内容，在简单翻阅之后就变得兴趣索然了。面对法学如此关注方法论的"病态"情景，拉德布鲁赫揶揄道："就如纠缠于自我观察的人大多是有病的人，明确意识到其自身方法的学科也通常是有病的学科；健康的人和健康的学科通常不怎么了解自己。"[7]那么，我们为什么仍然要去阅读不同的方法论作品呢？

或许问题的答案还是要回到方法论中去找。对于法律研习者而言，这一整套的法律适用方法是公共的，是保证大家以可控的方式找到解答、以共同的标准评判裁判的前提。因此我们在阅读司法判例的时候都会去关注其中的大前提，以及法官对法律条文的解释。但是，对于作为个体的单个法律人而言，这些方法又是个人的。法律方法本身的含混性其实并不能精确地告诉适用者，他想要寻找的论据应该去哪里找。文义解释绝不是翻看词典咬文嚼字，没有对案件素材的丰富积累以及对生活的深刻体悟又怎么可能对文义有可行把握呢？如果一个德国法官学了两天中文后就要对中国的法律进行文义解释，那么这种做法是无比荒谬的。哪怕他掌握了精妙的德国法律适用技术，哪怕他经受住了德国国家考试的千锤百炼。如果我们把作出司法裁判比作来料加工的话，方法论无疑是来料加工中最重要的部分——机器，但是如何操作这个机器，哪些材料能用在这个机器

---

[7] [德]拉德布鲁赫：《法学导论》，米健译，商务印书馆2013年版，第232页。

的文义环节、历史环节上，在目的解释环节又该怎么处理这些材料，这些并没有在方法论中言明，甚至恰恰相反，它被方法论所主张的科学性和普遍性有意忽略了。而当我们说"阅读拉伦茨一定不能忽视他的新黑格尔主义的哲学背景，阅读齐佩利乌斯也不能略去他的国家学观点"的时候，原因或许也在于此。正是在这样混杂着公共性和个人性的前提下，大多数的方法论作品付梓问世。

为了更好地展现方法公共性与个人性的区分，这里以盐酸案为例做具体阐释。盐酸究竟是不是德国刑法中规定的"武器"？有的学者进行扩张性文义解释，认为盐酸也能被置于"武器"概念的"概念晕"之中；有的学者则坚持"武器"的专门工具属性，将其严格限于传统的冷兵器与热兵器，然后主张进行漏洞填补的操作；有的学者则主张将盐酸排除在"武器"这一概念之外，转而适用普通的故意伤害罪。在他们的论证中，不变的是既定的方法论框架，变化的则是各自所主张的"最佳证立"的答案。不过这里的隐患在于，对方法论个人性的强调似乎会将我们引向相对主义的困局，届时一切的观点都将被冠以"合理"之名，一切的主张都闪耀着"理性辉光"。对法哲学来说，回应这种相对主义的攻击是当然的使命；但对方法论尤其是具体案件的适用而言，担心相对主义则完全是因噎废食的做法。从论证的角度来说，我们从来都不需要也不可能得到一个最终的答案，方法论所能做的只是用它公共的部分搭建起一个竞技的平台，至于最终的答案究竟是何者，这或许取决于阿列克西教授在《法律论证理论》一书中提出的论证规则，或许取决于诺依曼教授在《法律论证学》一书中主张的"可接受性"。同时，现实情景往往也会给学术讨论施加更多的制度、时间、空间、论题上的限制，如果我们不能在这些限制之内用有限的方法提供解答的话，我们可能在面临相对主义的终极考验之前就已经提前倒下了。

回到阅读方法论作品的价值上，泛泛来看，研习方法论固然是为了寻找法律问题的解答，但其实这里少了一个定语，研习方法论对我们、对诸位读者来说，是为了帮助我们寻找自己对眼下法律问题之解答。如果沉迷于一般的方法论框架但却忽视了具体的素材积累的话，所有的方法论学习都只是空谈。因此，我们应该同等地关照方法论作品的共同部分与个人部分。案例便是帮助我们观察这两部分的交汇点，也是可供蓄积的绝佳素材。尽管我们无法回到当时所处的情境，但是借助作者描述的案件事实和网络上唾手可得的法规资源，我们仍然能够将自己代入到案件适用过程中，去对各种法律适用方法加以检验。方法论不是屠龙术，更不是理论家的花拳绣腿，一切的讨论最终都要回到具体的法律规定和案件之中。在方法论作品的阅读过程中，只有将方法规则与具体案例相结合才能最大化读者的个人收获。对于学习者而言，方法论是一套实用技术，单纯的理论研究离不开具体的案例讲解，甚至还没有案例讲解来得生动。所以必须要把两者相结合才能有"1+1>2"的效果。只有在搜集了一定的案例库之后，我们才能熟稔法律适用方法的操作流程，并为眼下的案件寻找线索。

八

行文至此，对本书的介绍也要暂时告一段落了。能够通过翻译去深入认识并理解弗朗茨·比德林斯基教授的学术观点，我深表荣幸。但在翻译的过程中，我深知自己学识有限，蒙师友诸多恩惠。所以，我万分感谢彼得·比德林斯基教授在翻译过程中给我提供的无私帮助，每当我力有未逮而难以准确把握作者观点的时候，他的邮件总能为我指明方向。感谢雷磊教授、唐晓晴教授在本书翻译过程中提供的无私帮助与鼓励。感谢蒋屹、詹越、黄顺利等同学的认真审读与编校。作为一项共同事业，翻译一定是作者、译者、读者相互追问的过程，因此也提前向各位将与我一同参与这项事业的读者们表示感谢。

第一章
导论：法学方法论的概念和目的

I. 概念和任务

方法是所有学者的工具。因此，法律科学需要有自己的方法；除此之外，所有仅在适用法律规范的人，尤其是法官们，也需要有自己的方法。本书提到的方法学说指的是"真正法学"（即法教义学）的方法，而不是法律史学、法社会学、法哲学或立法学说（即法政策学）的方法。人们经常将这种方法学说描述**对有效法的"理解"或"研究"**。这么说并不错，但不太有说服力。因此需要强调，**法学的主要任务**是：它需要满足实践需求，即向法律共同体及其成员提供**关于法律内容的引导**。当人们一方面指出法律工作的直接对象（即法律），另一方面指明法律科学的任务时，这一点就更明白了。那些人们感兴趣的、实际产生或者可能再现的法律问题，将在法律中以尽可能合理且可检验的方式得到解决。未来法（de lege ferenda）*的体系化和理性工作涉及制定法的修订（这种**修订**在理想层面上同时也是改善），它与上述任务是非常相近的，但是由于缺乏与有效制定法的联系，又仍然与之不同。论证这种不同之处所需的恰当论据都可以在法学方法论的标准中找到。同时，"法律"（Recht）**一词必须被进一步理解为：它不仅包含被颁布的单个规定，还包含在法体系中作为规定之基础而存在的目的和原则，后文会对此做进一步详细展示。

II. 方法论的必要性

法律工作是有序且受约束的，它的必要性体现在对案件的运用上，也即体现在对个案事实或**案型**（Falltyp）的运用上，法律问题在这些案件中变得真实可感。方法论之所以必要，是因为具体案件事实（或案件类型）与一般-抽象规范之间具有不可避免

---

* 法教义学主要指向现行法（de lege lata），即围绕现行法进行解释、概念建构和体系化。而"de lege ferenda"译为"未来法/将来法"，主要涉及立法理论。——译者注

** 在德语语境中，"Gesetz"与"Recht"的对立由来已久，前者是由权威机关根据法定程序颁布的规范性文件，而后者除了法律和权利的指称之外，还会涉及正义等价值。在本书中，译者将前者一律译为"制定法"，将后者根据语境表述为"法""法律""权利"。——译者注

第一章 导论：法学方法论的概念和目的

的隔阂，而这种隔阂必须通过理性的、事实上正确的论证来弥合。因此，法学的"原材料"就不仅仅是法。与法律相关的事实，包括规范领域的一般事实，都属于法学的"原材料"，例如帮扶儿童的必要性、家务的组织分工、经济适用房的短缺。

法律问题的次要来源是立法者在事实、体系或语言上犯的错误。虽然我们可以通过变得谨慎来减少这些错误，但它们在实践中往往是不可避免的，尤其在政治-意识形态要素或者［党派或社会伙伴（Sozialpartnern）*间的］政治交易严重影响到立法的时候。在修订制定法的时候，要么同等对待不同的游说团体，而这势必会引起冲突，要么通过妥协式的——因而含混的——表述来缓和他们的冲突，至少各方都能够在含混表述下和谐相处（直到这一规范在具体案件中被首次适用）。

法律工作的目标是尽可能合理地发现法律规则。** 相较于被首先探明的、作为出发点的实证规范，这些规则与案件事实更相近，以裁决案件中的问题。针对这些问题，该规则必须比单纯的制定法

---

* 雇主方或雇员方，以及他们的协会或代表。——译者注
** 这种法律规则并不是实证的法律条文，而是经由方法论处理之后，尤其是被解释之后才形成的规范语句。它在内容上更具体、在结构上更明确，从而能够直接充当司法裁判的大前提。——译者注

规定更具体。后文将借助例子展开这一点；不管多么精确的制定法，都不足以满足法律工作的全部需要。

法律工作的基本模式在于，为了获取或推导出解决问题的规则，将法律中可能与事实问题相关的部分与案件事实中有问题的部分，进行方法上的有序组合。

因此，理性运作的法律获取的第一步始终在于，借助可能适用的法律规范，以及对与法律相关的（尤其是成问题的）案件要素的分析性说明，来尽可能**确认有待评判的事实**。然后，（可能）相关的法律规范才以方法论上的有序方式得到适用，得出肯定或否定的结论。在分析时将问题事实的要素与被考虑的法律规范做趋近处理，是理性上不可避免的"元方法"（Urmethode），如果脱离这种"元方法"而运用某种感觉上一般化的、纯直觉的评价，必然只会留下含混不清的笼统事实。然后，必须将对各个子问题的部分评判与最终寻求的总体结论结合起来。在第一步操作中，那些用于解决案件的单个法律领域中的可靠技术，对于简单案件而言是非常有用的；比如私法中的"请求权检验"方法。对于这一点，这里就不再赘述了。（时至今日，案件检验的最重要一步仍然要在各专业的案例练习课中得到传授。）至少应当指明的是，法官在一审程序中要尽早弄清楚（或许）关键的法律问题，这一点尤为重要。该要求催生了明显更为迅捷的诉讼程序，以避免提交不必要的证据。

III. 对立模式

在法学中，基本上所有的东西都是充满争论的；不过，这些争论经常是没有道理的。诉诸法律安定性的、要求严格制定法约束的**制定法实证主义的模式**就与刚刚所概述的、理性的法学方法论的构想相对立。前者的运作当然地表现为，每一个与问题相关的制定法内容，都能在被评判的事实上获得清晰无疑的适用。另外，负责审理案件的法官或裁判机关的"评价"或**"个人价值判断"**，将会被当作万能工具来使用，以代替各种偶尔艰涩的法律方法。由此，这些官方评判者的个人或群体偏好，立刻就被赋予了决定性作用。这也意味着，理性的、对第三方有效或至少是合理的证立（Begründung）被预先且大范围地抛弃了。为什么人们竟然会认为，凭借这种偏袒评判者主观性的做法就能促进法律安定性呢？对此，我始终难以理解。无论如何，个案裁判尽可能的**可预见性**也是法律安定性的一部分。另外，同样不清楚的是,除了通过他自己的、客观但无法检验的裁量裁判(Ermessensentscheidung)外,这些评判者的职权又是如何在那些一开始并不明晰的案件中得到确定的呢?

在另一个极端情形中,激进的、规范的认识怀疑论会与"法律现实主义"的偏好相联系,并且走向类似的、令人绝望的**死胡同**。在疑难案件中,这一点是成问题的,即制定法由于其抽象性始终都有一个可识别的内容,进而能将该内容适用到在人与人之间发生的具体事实上。(这种立场认为)在疑难案件中,只有通过裁判完成的"归入"(Zuschreibung)才是可行的。"归入"当然必须通过语词和句子来实现,而这些语句必然比事实描述更为一般化。但为什么这种语言上的"归入"——与制定法条文本身相比——会当然获得一个明显的内容呢,这仍然是一个未解之谜。

还有一些人**否认**法学方法论的价值,因为适用者只是随心所欲或者考虑到所欲结论后,表面上从后文将提及的方法论准则中挑选出为他所用的方法。这种否定也是非常不妥的。个案所实际展现出的这种不严肃做法,当然不会成为反对方法论重要性的论据。

至于由此表明的始终有效的固定方法位序的缺失,后文会进一步论述。在法律工作中,所有的方

第一章　导论：法学方法论的概念和目的

法就单个问题而言绝不可能被学究式地挨个明确检验，对这一恰当观察的澄清，绝不在于仅由理想结论确定的思路，而——除了有限的时间资源和效率权衡之外——完全在于，许多案件中的特定方法从一开始就明显收效甚微，或者对于解决问题而言显而易见。通常，任何一种解释判准都不会被明确讨论，而仅会在涉及既定学说和判决时得到论证。在这些学说和判决中，方法论中的论据已经提前被理想化地接受了。

这一构想（或指责）同样是难以维持的，即每一位评判者从一开始就追求特定结论，并且坚定不移地这么去努力。法律人的经验表明，即使经常对正反面论据做进一步权衡，疑难案件的结论对于各种可能答案而言在主观上仍然是开放的。如果实际上有提前找到特定答案的倾向，那么它在经验老到的法律人那里的基础在于，他们对自身法律认识［"司法判断力"（Judiz）］暂时未经反思地全盘适用，而且这一点也始终需要得到谨慎且批判性的**自我检验**，后者大多数情况下都会使原初的倾向发生改变。

另外一个流行的主张认为，人们必须用实证化的**宪法**来取代方法论。然而，在人人熟悉的宪法中**并不包含任何方法论准则**，以至于如果要想让它代替方法论，就只能不借助任何工具去"解读"才行。

像所有人类创制并拟定的法律材料一样，宪法同样需要解释和权衡。所以，这个建议——即通过宪法来代替方法论——究竟意味着什么，并不明确。方法论标准并不是从某种官方法律层面的实证创制中得出的，而是源于"法理念"的基本原则，即**正义、法安定性与合目的性**。千百年来的法律科学经验已经展现了这一点，也即将这些原则运用到实证法的现实性质（实证法具有言语性、语境依赖性，它在历史中产生，并且往往指向理性目的和被承认之价值判断）之上。明确的制定法规则，如《奥地利普通民法典》（ABGB）第6、7条，虽然仅就法律适用（"法律获取"）中的方法论操作进行了有限规定，但也能起到十足的阐明作用。不过，这种明确规定的方式终究是不必要的，就像几乎所有其他的、并未作此种明确规定的法秩序及其法律科学讨论所表明的那样。

当然，这些"对立模式"有两个适当的要点（虽然非常有限）：一方面，经验上毫无疑问的是，即使借助所有的方法论努力，一些法律问题仍不能从法律中获得有充分说服力的解答，例如在显著的临界或疑难案件中，尤其是在模糊的制定法**一般条款**的范围内，诸如"善良风俗"、"严重的不利益"（gröbliche Benachteiligung）、"相称性"（Angemessen-

第一章 导论:法学方法论的概念和目的

heit)这些概念。另一方面,一种颇受欢迎的主张认为,每一个法律问题都只有一个正确答案。但只要人们不能通过一个法律上至少相对更优的证立来查明这个正确答案,这一主张在经验上就是不可证实的,也是无价值的。该主张的一般形式在理论上是不可能实现的:人们只要意识到,法律上的论据必然会指向不同的方向。

简化后的**例子**:为了保护行事仓促的当事人,制定法(ABGB 第 1346 条第 2 款,BGB 第 776 条,《瑞士债权》第 493 条)规定了保证人的签名对于保证承担(Bürgschaftsübernahme)的有效性。* 而制定法并未对债务加入(Schuldbeitritt)作出类似规定。那么债务加入应当是不要式的吗?又或者,当债务加入基于安全保障的目的,发挥着与保证相同的功能,并且有相同的仓促行事的风险时,情况仍旧如此吗?于此,文义论据与目的论据发生了冲突。

正确且重要的是,人们紧接着要尽可能专注、

---

* "为使保证契约有效,保证人负担保证义务的意思表示,须以书面为之。"参见《奥地利普通民法典》,戴永盛译,中国政法大学出版社 2016 年版,第 263 页。——译者注

谨慎地去寻找被最佳证立的答案，而不是立刻逃向个人的价值判断。对此，反面论据的单纯存在尚不会促使对其本身的放弃，因为相较于那些——可能有"一定"论据但只有相对较弱的或不那么基础的分量的——相反观点，我们通常可以就某一特定答案发现具有压倒性或**更强分量的论据**。

然而，论据间的僵局实际是无法化解的，有的法学家在面对这种情况时可能会选择听天由命（根据他们脾性的不同，有的选择缄默，让他们的草稿消失在书桌抽屉里，有的则不满现状，向立法者大声呼号）。当——尤其是在诉讼程序中——裁判必须被强制作出的时候，这些做法就都不太可行了。这时，自然就只能通过**"法官的个人价值判断"**作出最终的评判；然而这种个人价值判断仅仅在由理性论据所划定的范围内，因而也在最后一步中，才能以正当的方式被作出。从一个理性的、科学的法学立场来看，"个人价值判断"只有在**不可避免**的时候——倘若确实是不可避免的话——才是可正当化的。人们从一开始就不能省去对方法论上的法律论证的智力投入。

我们绝不能说，这种情况——无论基于何种原因——有时并不会实际出现。从这一说法中，我们得不出一个值得效仿的方法论模式，反而会损害到

第一章 导论：法学方法论的概念和目的

法官的义务；作为法律评判者的原型，法官的义务是对裁判进行尽可能全面的证立。有经验的"卡迪"(Kadi)*是一个不可靠的榜样，他会首先从内心深处的个人智慧中汲取知识，而且他为结论而搜寻法律的活动也未经过进一步的证成；现在的法官同样会运用这种良好的生活智慧以及对人类事物的理解。时至今日，法官自己在对裁判进行证立的时候经常受至少一方的敌意的影响；这种敌意极为愚昧，甚至会具有攻击性，并且常常体现在日常政治或媒体之中。法官们不应当通过事前的"个人价值判断"来助长这种情况，因为败诉方能够在更大程度上唤起对独立性和无偏私性的质疑。无论如何，法律经验以及大量的合理法律答案表明，借助有意的方法论做法，法律问题的理性解答在一定程度上是可能的。我们最容易就中立专家的意见达成广泛共识。当然，即使证立是谨慎做出的，并且在方法论上工整规矩，（法官）也不太可能收获败诉方的掌声。

---

* 系阿拉伯语音译，意为"教法执行官"，简称"教法官"，即依据伊斯兰教法对穆斯林当事人之间的民事、商事、刑事等诉讼执行审判的官员。——译者注

IV. 法律适用的方法论——全部还是单个法律领域？

弥合一般-抽象的规范与具体事实之间的隔阂，原则上是所有法律领域的共性问题，法律适用所要面对的便是这类问题。因此，主流观点认为，人们应当一如既往地以**法学方法论在原则上的统一性**为出发点。虽然奥地利私法就法学方法论，做了相对宽泛的、在比较法上形式单一的部分编纂（Teilkodifikation），即 ABGB 第 6 条，但通常而言，这一规则在其他的法律领域中同样重要。该规则实际上并不具有任何特定法律材料所具有的实证法上的偶然性（Zufälligkeit），而能够通过事实本身和"法理念"得到证立。

然后，私法已经展现了最全面也最不同的方法工具。在法律发展的过程中，一些法律领域也产生了一定的方法特殊性，这些特殊方法同样经得起批判性审视。但是，它们不过是在一整个方法目录（Repertoire）中通过省略或额外强调某一要素得出的罢了。（另外，本书中绝大多数的私法例子都来自作者的直接经验。）

第一章 导论:法学方法论的概念和目的

例子:在这些众所周知的特殊方法中,一个刑法上的例子就是**禁止不利于被指控人的类推**。受"法无明文规定不为罪,不处罚"(*nullum crimen, nulla poena sine lege*)这一表述,也即罪刑法定原则的影响,对犯罪构成要件的确定不可以借助类比推理或者所谓的填补性法律续造。(这一原则能很好地充当证立理由和免除责任的理由。)

该原则要求,在犯罪行为发生之时,就已经存在生效且具有刑罚威慑力的规则。这一要求当然不具备任何历史或自然法则上的自明性,而完全能够仅在一个成熟的法体系中得到澄清。在该体系中,法安定性这一基本原则获得了格外高的重视。这一原则涉及的是,与社会非难(Missbilligung)相联系的、国家对个体法益的侵害。因此,在行为发生时,行为人必须至少能够知道,该行为是被刑法禁止的。

从连贯性的角度来看,在(国家层面的)**"干预行政"**(Eingriffsverwaltung)领域也应当有类似的限制,因为在这个领域中,针对中央权力(对个体)的侵害,保障个体法益的思想就变得尤为重要。在宪法领域,一些人的解释倾向非常形式化且严格,另外一些人的解释倾向则非常宽泛且不受限制。然而，需要被承认的一种特殊方法仅仅是，在关于国家政策和政党政策的、争论不休的法律领域中，为了维护法律和平（Rechtsfrieden），形式化的判准（如文义和历史论据）应具有优先性。至少，这种特殊要求不太会被指控成具有操纵嫌疑的做法，同时这种指控还挟裹着相应的情绪上的-煽动性的影响。在重大政治争论案件中，这种操纵嫌疑的指控总是由"失败方"发起，并且也经常为后来的获胜方预先针对。这方面的一个范例就是，围绕宪法法院的爆炸性裁判所形成的频繁纷争（例如，2017年奥地利宪法法院作出的同性婚姻方面的裁判）。但宪法法院仍必须就政治上的棘手问题作出裁判。

[不过，终审法院的法律观点——像所有其他法院一样——有时很可能是错误的。由于每个程序在将来的某个时刻都必然会终止，那么在具体的纠纷案件中，确定的仅仅是争讼的当事人接受的内容。但这并不排除，法院在下一次审判时（可能）借助有说服力的论据去摆脱（可能）错误的立场。法律科学的一个重要任务就是揭示最高法院在论证上的不足。实现这一点当然应该有某种动力，但绝不能是由于对特定结论感兴趣的委托人的金钱激励。]

在一些法律领域中，例如卡特尔法或者税法，学者们在**"经济学考察方法"**（wirtschaftliche Betrachtungsweise）的标题下总是宣传一种高度目的性的解释；以避免将频繁变化的法律材料过多地固定在制定法表述上。毕竟，这些制定法表述目前对特定目的而言，尚未展现出充分的概念相关性。当人们并不将"经济学考察方法"当作一个对其偏好的伪装，而是把它强调成一种具有真正决定性的目的考量方法的时候，这种方法便可以在目的论解释的框架内获得方法论上的正当性。反之，对"经济学考察方法"的片面追求则会遭到普遍拒绝。

第二章
（狭义）法律解释

I. 文义解释（语法解释）

1. 澄清

我们通常能区分出四到五个解释方法或规准，而对这些方法的划分尤其是再分组却经常大相径庭。目前奉行的、最有意义的划分建立在一个可把握的、实践中很重要的特征上，即"解释材料"。对于有待解释的具体规范，为了能够卓有成效地解决眼下的问题，我们需要去寻找这些材料。相较于其已经包含的内容，我们自然不能从需要解释的制定法中推知更多内容；同样也不能仅从需要解释的制定法中去解决被提出的解释问题。因此，我们需要一些额外的前提。在还原论的视角下，"仅基于制定法"*

---

* 也即，法官在说理时使用"仅基于制定法，作出如下判决"这样的表述。——译者注

第二章 （狭义）法律解释

这样的表述对此毫无助益，就像后面将例示的那样。在后文中，我会首先分别提及各个法学方法，并且借助例子来做直观阐释。然后我将谈论这些方法在疑难案件中的优先关系并总结。

2. 示例

我在后文中尽可能宽泛地**将继承法中的案件用作例子**，因为它具有易于呈现和可变的特点（不过因为它的特殊重要性，这一点并不重要）。这个例子需要去适用，并且首先去解释 ABGB 第 578 条（这一条文与《瑞士民法典》第 505 条类似，但与《德国民法典》第 2247 条则不同，后者对签名做了更清楚的要求）：对于**私人书写的**（但没有见证人的）**遗嘱的效力**，遗嘱人应做到：

①亲笔书写遗嘱的文本，②并使用自己的名字，③亲笔签名。

后文将进一步探讨一些不同难度的解释问题，而这些解释问题恰恰指向这个在特定案件情形中十分简洁明了的规定。

3. 解释材料

不出所料，文义解释阶段要考虑的解释材料是一般语言经验。评判者借助其语言经验来表述待适用的规范和案件事实。有时，立法者也会通过**"法律定义"**（Legaldefinitionen）来准确说明规范中的概念(如"物""占有人"或者"买卖合同"),而这些法律定义当然会再次引发新的解释问题,因而只能起到有限的帮助作用。关于制定法的词句,人们通常会参考一般语言用法(来理解这些词句),而这些用法不过是绝大多数人所使用的用法。对某些规范而言,它们自身的特殊语言用法则具有优先性。这些规范在实践中会指向特定人群,例如猎人、商人。在"经典"的法律领域中——如民法、刑法、程序法,这些领域主要是依靠法律人来传授的——也会涉及对既有的**特殊法律技术用法**的权威性的推测。只要使用"代理人"(Vertreter)一词时的语境并没有给出明确相反的线索,"代理人"一词就不指向那些沿途贩货的行商,而是行为人(Handelnde)的代表者(=全权代表)。

4. 简单案件与单纯涵摄

即便是法律科学中大量存在的简单案件或案件要素——虽然经常为高度理论性的观点所忽视——人们仍可以在"解释"的范围内讨论它们:虽然眼下的事实能被毫不费力地归入(或涵摄进)待适用规则的构成要件(即前提)中,以至于规定的法律后果立刻就生效了,但结论仍不是自动产生的。这里无论如何都需要一个判断的过程,这个判断当然是通过单纯的**演绎**(也即在所谓**三段论**框架下的**涵**

第二章 （狭义）法律解释

摄）实现的。适用模式如下：决定性的法律规则（这里以 ABGB 第 578 条为例）借助它的构成要件（亲笔书写、名字、签名）来建构**大前提**。而待评判的事实（不考虑这些事实的法律简易性，因为冲突各方围绕事实和证据情况会有不同的看法，所以他们会——在假定的遗嘱继承和法定继承的规则情形中——去争论这一待判事实），就如法院所查明的那样，构成了**小前提**。对事实的描述会涉及一定的合目的性，也即只有可能具有法律相关性的要素才能被称为案件事实，而其他不相关的要素则不会被称为案件事实，例如当事人的发色和宗教信仰。

与法律规范的抽象概念相对应的是事实中的具体概念，后者是前者的下位概念（Unterbegriff）。然后，我们就能进行演绎推理，并推导出作为结论的法律后果（这里是指，认可遗嘱的形式有效性）。

例子：经查明，约瑟夫·纳夫拉蒂尔（Josef Navratil）用铅笔在扯下的纸上写道："我死后，我的财产由约翰娜·波斯皮席尔（Johanna Pospischil）继承。"然后，他在下面签上了"约瑟夫·纳夫拉蒂尔"。

因为，就"亲笔书写"（如个人手写的字体）和

"签名"（包括名和姓）这两个概念，我们已经无法再去构想更多内容了，也即已经实现了对规范概念的最大限度的理解，那么直接在制定法规则之下进行涵摄就是完全可行的。仅就此处关注的遗嘱形式而言，约瑟夫·纳夫拉蒂尔的遗嘱是有效的。借此也就推导出了所需要的个别化法律命题（individueller Rechtssatz）。在这一类案件中，当人们一般化地掌握了事实特征，并且要去评判立遗嘱人用任意书写工具完成的、用姓名签署的遗嘱时，就获得了解决问题的规则。

文件的纸质非常普通，用铅笔写的文本能够被擦去，缺少订立遗嘱的时间和地点，这些都不构成阻碍：纸张质量的好坏以及特定的书写工具，这些都没有被制定法中的遗嘱构成要件所要求，而对遗嘱订立的地点和时间的说明，在 ABGB 第 578 条第 2 句中，则被表述为——是可行的，但不是必要的。显而易见，（该要求）仅仅具有澄清意义。它并不具有法律上的效力要求。（在奥地利，围绕签名以及文书中意思表示的真实性展开的争论，证明责任规定主要见于《奥地利民事诉讼法》第 294、312 条。）

如果遗嘱是由立遗嘱人身边的朋友书写的，那么同样十分明确的是，我们不可能将这一事实涵摄于待适用的法律规则之下。根据 ABGB 第 578 条的规

第二章 （狭义）法律解释

定，这样的遗嘱在形式上是无效的。

从一般规范到更具体的事实的逻辑推导是不可能的，这个反复出现的错误主张恰恰表明，这样的演绎推理是可能的，并且在世界范围内被无数次地使用，同时大体产生了不容置疑的结果。[为了克服这一困难，即规范在通常意义上没有任何"真值"（Wahrheitswert），何种细致的法律逻辑思路是更可取的，这个问题在实践中并不重要，答案能够并且必须是开放的。人们可以通过将规范语句翻译为描述语句（"存在一个规范，即……"），然后再翻译回来，或者将"真值"替换为正确性或有效性等特别的规范性品质，从而回应这个问题。

此外，前面的例子已经表明，对 ABGB 第 578 条进行简单涵摄是不可能的，该规定中的概念并不像法律规范中的数字概念那样清晰明了、毫无解释需求。对简单案件和疑难案件的区分，其他的思路更能提供关键指引，即对**"概念核""概念晕"**的区分，当然还有概念不可能适用的领域，只不过后者在很多时候都没有被提到。一般的语言用法是决定性的。"概念核"涉及的对象是在实践中被每位语言精通者和专业人士当作或构想为该概念之适用情形的对象，例如，牛、猪、羊都毫无疑问落入"家畜"的"概念核"中。而"概念晕"涉及的对象在于，相关的概念在语言共同体中有时是该概念的一部分，有时又不是，例如人工繁育的黇鹿和用于骑乘的马之于家畜。"概念晕"中会产生真正的解释问题。在"概念晕"的范围内，对相关事实的涵摄之所以可能，是因为对解释问题的倾力解答，而仅仅从制定法中并不能得出答案。必须首先发现能用于涵摄的具体规则。在"概念晕"中，直接适用待解释的规则并不可行。（但是，后文还会表明，**类推**适用有时是可能的。）根据立遗嘱人的口述来代写的朋友，就逾越了"亲笔的"一词在语言上的所有能想到的变化，因此也就位于"概念晕"之外了。

因为对制定法前提的最严格理解，即"概念核"，已经包含了案例的特征，所以，通过单纯涵摄来改动案件的做法就非常简单。然而，为了尽可能避免错误，即便在一些非常明确的情形中，**"对比检验"**也是必要的，即这个轻松得出的结论是否会在全面考虑法的目的和原则层面后引发怀疑，由于在原则、体系、事物上的不一致性而违背作为基本原则的"法理念"。上述案例很明显并非这种情况。而它也远远超出了单纯涵摄的范围。

我们现在要稍稍改变一下这个简单事实。这种改动将立即表明，一个如此明确且具有说服力的规范（如 ABGB 第 578 条）在其构成要件的"概念晕"

第二章 （狭义）法律解释

中能够产生多少解释问题。

改动案例：速记体或者西里尔文符合"书写"的要求吗？由立遗嘱人自己用打字机或电脑完成的遗嘱，是否符合要求？如果签名上只写了姓或者名，或者只写了绰号、笔名，或者只写了亲属关系（如"你们的父亲"），是否符合要求呢？如果立遗嘱人的亲笔签名被写在了遗嘱的序言部分（如在标题上写着"约瑟夫·纳夫拉蒂尔的遗嘱"），而遗嘱的末尾只有"这是我的遗嘱"这一句话，又是否符合要求呢？

对于这些问题，人们或许能在语言层面上借助主流语言用法从多个方向进行论证；单单借助这一种方法，人们很少能一次性得到明晰且体系上有说服力的答案。因此，这里就需要由后面的解释方法提供的其他论据。语言层面的分析对于更准确地理解问题而言仍然是重要的，人们能够借助语言仔细说明完全不同的可能概念内涵，以及各自的解释问题。那么与对"亲笔的"这一语词的乏味、宽泛的理解——"用自己的手的"，相对照的是更严格的意思——"使用自己的、有个人烙印的字迹"，也即"手写的"。两者在语言经验中都是可以想到的。当某人说："X的秘书生病了，所以X必须亲手用打字机打这封信"，那么他很明显是宽泛的理解。相反，当某人说："著名的Y居然给我写了封亲笔信"，那么他的意思就是我们前面所说的更严格的意思。如果仅仅想到这个更宽泛的意思，并且通过简单涵摄为这一内涵赋予效力，很可能会误入歧途，并且完全弄错了该格式规定的目的。前面提到的"对比检验"可以用来避免犯错。如果不能首先想起某个概念在语言上的多个可能含义，那么人们就不能正确地解释这个概念。

II. 体系-逻辑解释

1. 解释材料

法律适用者的第一眼往往看向直接待解释的或（可能）待适用的规则，但这经常并不够用。确切地说，（解释者）还需要考虑同一部制定法中的其他规定内容，有时还会涉及其他制定法中的与待解释规范有**体系关联**的规定内容，只要这些内容能对眼下的问题有所启发。这种体系关联可以从数个规则的外部排序中得出：当债法对租赁进行调整的时候，那么，这些调整至少在原则上就不会涉及物权问题，因为物权是属于物权法的。对货物瑕疵的评判也不

第二章 （狭义）法律解释

能简单地依据"不履行"（Nichterfüllung）的相关规则进行，因为瑕疵担保的规定（ABGB第922条及以下）是直接与该规则（ABGB第918条及以下）区分开的，并且是（专门的）规定。在制定法中相距较远的规则间，体系关联性（Zusammengehörigkeit）则表现为，为了解释而被援引的规则，与待解释规定一样都全部或部分地涉及相同的事项。此时，必须一并考虑到普遍经验，它们展现了人际交往中的——尤其是法体系建构中的——复杂思想内容和复杂文本。

2. 例子

对于上文提到过的用绰号或笔名来签名的改动情形（例如，"Schneckerl"指称一位早年很有名的奥地利足球运动员*——他现在是活跃于荧幕的知名分析师），ABGB第43条能够提供有价值的、体系性的支持论据（即认为这种改动情形满足ABGB第578条中的"名字"要求）。因为这一规范通过规定停止侵害（Unterlassung）请求和损害赔偿请求，将姓名权保护明确扩展到了通过事实验证而获得的别名（Deckname）上。（但这一规定作用不大，因为它只调整"实际"姓名的取得，而丝毫没有说到绰号或

---

* 即赫伯特·普罗哈斯卡（Herbert Prohaska），奥地利著名足球界人物，年轻时供职于维也纳足球队，因一头茂密卷发而得名"Schneckerl"（含义类似于中文的"卷毛"）。——译者注

艺名。）除了官方姓名之外，法律上承认的是，"仅"在交往中惯用的姓名，它对于相关主体是重要的，因此也能够在法律上得到充分保护。至于为什么"别名"在亲笔书写的遗嘱中不足以成为识别方法和签名形式，答案尚不清楚。语境的变化（这里是遗嘱有效性，刚刚则是姓名保护）并未改变这一考量。即使"姓名"概念没有争议的核心区域是指"官方的"姓和名，在语言上把"别名"直接表达为"姓名"也是可以考虑的，以至于体系论据能发挥关键作用。目的论或原则考量在这里并不明显。

反对论据主张，立遗嘱人的每个清楚表达的遗嘱都应当是决定性的，因此重要的绝不是签字的方式。但这个全盘否定式的论据完全不合适，因为它与制定法中毫无疑问的遗嘱形式要求相矛盾（形式要求是对立遗嘱人意思表示之真实性的确定性要求，后文会谈到该要求的主要历史目的）。

用于解决规范冲突的著名规则，即特别法（lex specialis）优于一般法（lex generalis）的**优先性规则**，以及新法（lex prior）优于旧法（lex posterior）的**优先性规则**，也是这里所谈到的体系解释的一部分。它们符合经验的要求，这些经验关乎被假设的立法者意志，也涉及相冲突之规则的被普遍假定的重要性。

第二章 （狭义）法律解释

例子：ABGB 在（生效于 1811 年，至今仍未被正式废止的）第 943 条第 2 句规定，没有实际让与赠与物的赠与合同需要"书面文本"。嗣后颁布的《公证行为法》（Notariatsaktsgesetz）则要求有相应的公证行为，也即公证员出具的证明文件（包括就其行为后果对赠与人进行的告知）。这里适用"新法优于旧法"规则的强制性后果是：即便该合同由赠与人亲笔书写并签名，它也——与赠与物的价值无关——绝非有效的赠与合同。

体系解释还要求，解释不应当因为特定规则与其他规则的关系，完全排除该规则的适用范围，也即（不应将该规则解释成）完全不可适用或不必要的、无意义的；除非这种不可适用性是由其他解释标准——通常是立法者的良好但难以实现的澄清性目的——明确导致的。例如，有许多规定，根据 ABGB 第 1295 条之要求，不断重复地将不同的特殊损害情形认定为一般过错责任（的情形）；显然，这些规定旨在使法律后果尽可能完整地展现出来。但根据 ABGB 第 1295 条对损害赔偿权（Schadenersatzberechtigung）中的"任何人"（jedermann）概念做符合直接语词理解的宽泛解释，这样的做法并不可行；

之所以如此，是因为这种解释本来能从 ABGB 第 1327 条这一特别规范（死者的损害赔偿）中获得相应的可能含义。我们可以从第 1327 条的规定中得知，要将第 1295 条中"任何人"限缩在直接受害人的规则情形中，而不能一般地赋予单纯"间接的"受害人以赔偿请求权。

> **例子**：如果某人伤害了一位歌手，导致他接下来的演出必须取消，那么这个人必须赔偿他的收入损失；但赔偿对象不包括，因演出取消而没有生意的餐饮店老板。

III. 历史（主观）解释

1. 解释目标的主客观之争

这个一开始就不那么有成效的争论，今天基本上已经偃旗息鼓了。"**主观解释目标**"被描述为对（相关的）**历史上的立法者目的**（Absicht）的探寻。与此相反，"**客观解释目标**"则是对与问题相关的制定法内容的查明，人们能够以审慎且专业的评判去**考虑它与现今状况的关联**，进而从大家所熟知的制定法文本中提炼出这些内容。事实上，如果人们要完成这一法律任务，即进行理性上尽可能且可理解

第二章 （狭义）法律解释

的证立，那么他们就必须——并且总是——要同时考虑这两种认识的可能性。根据问题的具体情况，有时主观解释目标重要些，有时则是另一个。因此，我们不应再去讨论这两种解释目标中某一个的排他性了。

实际上，它们涉及的只是法学方法中**优先性问题**的一个重要方面（后文将会进一步谈到）。这里仅指出：因为涉及**当下的法律适用**，所以（解释者）必须找到能够在当代法秩序和今日法律共同体中得到最佳证立的解释。这仅仅排除了那种不可动摇的锁定（Fixierung）立法者历史目的的做法，而不会排除这种目的与其他解释方法相联系时的重要性，这些解释方法能够通过它们的优先性关系和全面权衡来使彼此相对化。

2. 解释材料

历史解释的解释材料是所有富有启发性的、**指向"立法者"目的或意志的线索**。这个立法者曾经颁布了待解释规范，也即，他是与待处理的问题相关的、彼时的（历史的）立法者。为一些人所支持的这个方法，代替了一般的诉诸当代立法者的意志的做法，但也经常因为通常并不存在指向立法者在以往规范上的目的的线索，而被排除在考虑之外。不过，这个方法一般也会考虑，（立法者）出于何种目的颁布了特定规范。这个目的只能从具体立法过程的表述中得出。

因为法律规则不仅由语言要素（即文本）组成，而且进一步涉及规范创制者表达出的人类意志，并且，"客观的"文本在很多情形下也是模糊的、多义的。所以，一旦立法者意志是可查明的，且能够进一步帮助解释者解决当下问题的话，对立法者意志的援引就完全是理所当然的。（不过，从不同的理由来看并非总是如此。）

37 对于探究立法者目的（除了通过先前的解释阶段来理解制定法文本之外），**待解释规范被颁布之前的法律状况**（Rechtszustand）往往格外有启发性。因为这些状况经常能让解释者迅速且明确地辨认出，哪些东西发生了改变。（那么，在 ABGB 第 578 条第 2 句所做的明确条件设定中，遗嘱的时间、地点并不是必要的，只是可行的，并且仅仅由于提前认识到了相关的不确定性，才是可理解的。）

比较制定法与当时法律科学文献的做法，也是具有历史启发性的，这些法律科学观点尤其能够有所助益，毕竟提出这些观点的作者也深刻地影响了制定法的起草。将最终颁布的制定法与先前的立法**草案**做比较，这个做法也是有所裨益的；就制定法中的一般政治立场（例如承租人保护，或者对欧盟消费者保护指令的实施）进行比较亦是如此。

第二章　（狭义）法律解释

最富成效的莫过于**"制定法材料"**。借助这些材料，人们能够了解制定法产生过程中的所有书面的（因此仍能在长时间后再现的）材料，这一过程始于一开始由某个政府部门或专业委员会承担的对起草工作的规划实施，一直到议会中的征询。就现在的奥地利而言，可用的材料有阐释性意见（Erläuternden Bemerkungen，即对有关制定法草案的阐释），可能还有议会的委员会报告。这些材料经常是阐释性的，人们在多数情况下都能从中直接识别出与问题相关的立法者想要借助制定法去实现的观点或目的。

目的（Zweck）是一种被构想与期望的，因而要去实现的状态。被颁布的规则是实现目的的手段。在语言层面的不同解释可能中，更符合目的要求的解释可能更适于在更大的范围内（即获得更大的可能性）去实现被限定的状态。这个目的不能仅仅通过语言考量来确定，还需要事实分析，这时就要考虑其他解释方法的预计后果。但相反，时下流行的"成本-效益分析"，如果不能测量并相应地拣选出在特定目的或价值上的可能后果，那么这种方法本身对法律解释没有任何帮助。

在与问题相关的情形中，简明的历史解释力求查明，立法者关于法律概念和法律条文之含义的观点，同时也会去揭示他们的相应目的。接着，往往富有成效的历史-目的解释会追问，立法者基于何种原因或目的颁布了这一规范。

3. 例子：ABGB 第 578 条

又一次回到这个具体的**例子**：为什么 ABGB 第 578 条会要求"亲笔书写"和"用自己的名字来签名"？

从 ABGB 的征询意见（Beratungsprotokoll）中，我们能够大体弄明白这一问题。我们很容易就能弄清楚，作为遗嘱特征之一的"亲笔的"，这一表述的——本就十分明显的——历史目的：征询意见表明，一般而言，遗嘱的"外部形式"应当使**死者意思表示的真实性**免于被怀疑。[1]而专门来看的话，针对而后的 ABGB 第 578 条，有提议指出，由于过高的伪造风险，应将没有证人的私人书面遗嘱认定为无效，但委员会的大多数成员拒绝了这个提议。他们拒绝了这种会损害不懂法律的公民的、过度形式主义的做法；拒绝的原因主要是，在一个有很多行文字的遗嘱中把笔迹模仿得认不出，是极其困难的。[2]由此，

---

[1] Ofner, Der Ur-Entwurf und die Berathungs-Protokolle des Österreichischen Allgemeinen bürgerlichen Gesetzbuches I, 1888, S. 344.

[2] Ofner, I, S. 347.

第二章 （狭义）法律解释

一方面，"亲笔的"意思是"手写的"，另一方面，"亲笔的"这一要求的目的在于，借助文书（通过字迹比对，如果必要的话，也可以借助笔迹学专家鉴定人的帮助）来追求一般能够较好实现的真实性检验。

（这个真实性检验）首先会与一个一般经验命题相联系，也即，由机械或电脑输出的文本并不保证作者个人的可确证性，与该经验命题的联系越牢靠，一份以这类方式输出的遗嘱的无效性就越能够得到证立：这样的文件并不能"仅从自身中"来让所追求的真实性检验变得可能。

这并不仅仅是证明问题，也即是否可能存在偶然在场的证人能够证明是立遗嘱人亲自在键盘上打出了这份遗嘱：一方面，遗嘱有效性不应当取决于这样的偶然事件；另一方面，由于立遗嘱人已经不可能再回答这个问题了，那么前述证据，就因为这些证人可能被收买、操纵而存在猜疑空间。而速记体或者西里尔文的笔迹，则并不存在与之类似的疑虑：它们是用可以验证的个人笔迹手写完成的。不过这种情形在奥地利并不常见，所以也就不那么重要了。

能够证实的是，"签名"必须正如它语言上所清晰展现的那样*，处于**文本的末尾**，因为只有这样才能清晰地表明，其目的在于宣告"行为的终结"。[1] 根据交易习惯，签名不过是为了表明，意思表示者的相关考虑已经结束了，并且前述文本将生效。而把签名放在文本开始或其他任何地方的做法，则完全不能满足该目的；它只可能出现在草稿中。[2]

令人惊讶的是，在解释**"使用自己的名字"**这个特征时，相关的解释材料就不那么有用了。除了其他的、后来被认为是过度负担的形式要求外，原始草案的第 373 条（即 ABGB 第 578 条的前身），还要求"用姓和名签字"。之后，这里的制定法文本被修改为"使用自己的名字"，但并没有得到说明。有人猜测，这一规定是要放宽严格的形式要求。这一猜测支持了仅用自己的姓或者名来签署遗嘱的做法。但考虑到，在许多人的名字中，"名"都是常见且难以用作识别的，因此这一猜测仍然是成问题的。人们也能对这个放宽主张提出异议，单纯缩短制定法表述的做法并没有什么刻意的目的，而且，"用自己的名字"（这里"名字"用的是单数！）跟以前一样，

---

* "签名"的德文是"Unterschrift"，字面意思就是"写在下面的文字"。——译者注

[1] Ofner, I, S. 347, II, S. 538.

[2] Ofner, II, S. 539.

第二章 (狭义)法律解释

意思都是"官方的"或"公民的"完整名字;也就是说,姓和名都毫无疑问是立遗嘱人的名字的一部分,并且二者在语言上也一定是"名字"的组成部分。但三个不同的变值(名、姓和姓名)是统一的,并且都以单数的形式被描述为"自己的名字",这一说法绝不是理所当然的。尽管,因为姓和名无疑都是"名字"的下位概念,所以这种说法在语言上并不是不可能。

从语言角度,以及由于制定法文本与预备草案(Vorentwurf)的表述差异而产生的历史角度来看,我基本上更支持"用姓或名签署遗嘱"的解释。这个观点能够通过客观-目的论解释得到论证,这里提前交代一下:姓和名在法律交往中都是作为有效力的缔约格式被使用的。另外,与所谓的遗嘱内容和有启发作用的附带情况(例如,遗嘱的发现地点、考虑到或者至少提到过这一点的人,等等)相联系,这种格式通常也足以作为识别手段来使用;无论如何都不比完整写下的寻常名字[比如卡尔·迈尔(Karl Maier)]少些什么。

4. 谁是"立法者"?

"立法者"这个简化的表达究竟指向谁或者什么,这个问题至今没有得到回答。我们经常会感到不对劲,因为,虽然绝对的君主或独裁者都是个人意义上的立法者,但在一个发达的民主法治国中,会有许多人参与到立法中,尤其是议会中的多数人。因此我们并不能找到这样一个人,其真实意志能够具有决定性。而集体意志并不是心理学意义上的真实意志,仅仅是一种建构(Konstruktion)。

然而在法律实践中,这根本就是个**伪问题**。例如,在颁布《奥地利普通民法典》(ABGB)的时候,彼时至高的君主一定不会如此详细地,在其意识(和意志)中接受这部制定法,以至于他好像已经考虑到了无数的具体解释问题。另外,因为存在经常被抱怨的"法律洪流"(Gesetzesflut)现象,上述说法也一样适于说明议会的议员,他们往往根据党派自身的目标,基于少量的信息进行表决["党派强制"(Klubzwang)*];通常就连党派中的专家也是如此,对于待颁布的制定法,他们的信息和意志形成也是笼统而非详尽的。可能对解释有帮助的细节工作通常由专业的咨询委员会(Beratungsgremium)进行,它们主要是拟定制定法草案的政府部门,以及影响并审定草案的各种政治和经济协会,等等。

虽然,"**集体意志**"实际上是一个非现实的建

---

* 议会中各党派成员负有义务,来根据党派决议做出一致的投票。——译者注

第二章 （狭义）法律解释

构，但是，许多完全个人化的意志在特定问题上达成一致；或者，人们借助或摒弃个人考量来同意其他人的意志，并将它们接受为自己的意志，这些情形当然也是可能的。在相关讨论中，前述的建构既不必要又无意义，在这些建构中，立法者意志是一个不存在的实体的意志，是根据人际交往的规则来列入（相关内容）的意志。毋宁说，人们必须一开始就认识到，许多不同的人在立法中扮演着不同角色；尤其是那些来自政治、经济或法律领域的倡议者、起草者、顾问、审议者等，他们似乎是非官方的，但对细节工作和解释而言却是至关重要的权威人士。即便在根据宪法设立的立法机关中，**"正式"的立法者**也经常并不了解制定法更精细的、涉及解释的内容，而至多是对法律文本进行粗糙的修改，必要时加以纠正，另外还会作为**将法律实证化的机关**（像之前的至高君主那样）来行使职能，即通过其决议来使法律生效。时至今日，由专业人士撰写的对政府草案（Regierungsvorlage）的阐释经常出现在参与制定法决议的参与者手中，正因此，这些阐释文本就可以在立法委员会（Gesetzgebungsgremien）中被视为投票表决的基础。

因此，我们最好还是把"立法者"理解为"参与相关立法活动的所有官方或非官方的真实的人"

的一个简称。"立法者意志"是一个完全真实的人类意志，也即这群参与者中的某个或某些人的意志，就案涉的相关问题而言，该意志在立法程序中得到普遍接受。当然，这个意志也可能是，在起初对立的目的间所作的妥协。至于人们能否在事后精确到个人，即谁的观点或目的起初或最终成了决定性观点，这个问题并不重要。

真正"个人的"或仅仅非官方的-参与准备工作的协助者如何会塑造出立法者的相关目的，这一问题很有可能并不重要；它涉及的是，对与解释相关的制定法内容的确凿影响，而不是形式上的制定法效力本身。当且仅当立法机关在没有私自改动（法律文本）且没有对外部情形有所保留的情况下，使被起草的制定法作品生效。那么，通过理性且恰当的考量，他们不仅接受了那些光秃秃的文本，而且还采纳了作为文本基础的外部权衡和目的。如果抛开作为其基础的理由、目的和权衡的话，纯粹的制定法文本不过是一个只能被有限理解的半成品。人们会在后述意义上谈到**"协约理论"**（Paktentheorie），也即，当立法机关识别不出任何相反内容的时候，他们要接受草案文本和背景，并就此达成共识。当然，他们不仅能在决议的时候修改准备好的草案，而且能基于其他理由（而非在草案中提出的理由）

使原本的草案规则生效，不过这种情况几乎没有发生过。

IV. 客观-目的论解释

1. "客观目的"？

与立法者的主观目的**相反**，"制定法的客观目的"这一常见表达被不无道理地批判为**荒谬的**：目的是一个被期望并追求的状态，因此预设了一个期望并追求这一目的的主体。然而，十分有意义的一点在于：我们经常不能令人信服地用前文阐明的方法来解决某个法律问题；这可能是因为，这些有待处理的"概念晕"问题即便是在历史材料中也找不到有启发性的构想或目的；因为根本不可能找到相关的历史材料，且历史中的目的权衡充满矛盾，也即与其他的得到承认的目的相抵触，或者可查明的历史目的（可能是纳粹时期的立法者的目的）在现在的法律和事实语境中显然是过时的。然而无论如何，法官都有义务去裁判他眼前的案件。但是，每一级司法机关，乃至是最高法院，在穷尽了前文交代的裁判方法之后，也会听凭"个人价值判断"并根据个人偏好来作出裁判；这种做法总归是不合理的。法官必须尽可能地作为法律共同体中负有证立义务的代表来行动。因此，（他们）必须尝试找出，哪些可能的解释方法能最好地适应现行法体系。只有当这种努力是徒劳无功的时候，法官的个人价值判断才会由于国家的裁判强制（Entscheidungszwang）而变得不可避免且正当。

在使用这个被认为不再符合理性要求的方法之前，能够并且必须被预设的是，制定法的创制并不全然是专断-偶然的，它通常也在追求理性的和可重构的目的，它的适用也要符合法律的核心原则（如正义、法安定性、合目的性）。除非有明确的相反证据，否则必须承认，立法者有意并且确实以符合事实的方式，即与被最佳证实的（与事实相近）经验命题相协调的方式，解决了与手段-目的关系相关的事实问题。

2. 基本模式

上述预设也是重要的解释材料，但（我们）仍要去检验，根据可支配的总体经验，哪个或哪些目的在具体的关联中能够或至少可能成为**理性的法律目的**。人们要借助正确的事实陈述来提问，以追寻适于相关法律规则的目的。在目前探讨的解释阶段，由于缺少历史线索，该检验必须根据一般经验，从一位见多识广、以法体系为基础的评判者的立场出发，也即在"客观的"意义上，试图找出最可能合

第二章 (狭义) 法律解释

乎理性要求的相关目的假定。偏激的怀疑论者可能会过分地质疑这一思路，然而无论如何，在全面论证的压力下，它总归比"个人价值判断"合理得多。

除了前一部分所做的预设之外，所有有关制定法目的、在问题背景中具有合理可能性的信息，以及有助于评判目的-手段关系（待解释规范是实现客观目的的手段）的事实信息，都是解释材料。只有能用于评判规范——作为手段的——适当性的目的假定才能成为可选项。

例子：当历史的解释材料对裁判者来说不可用的时候，关于 ABGB 第 578 条的"亲笔的"这一构成要件，可能的目的假定——人们不过是想要借助该规范来提升人类的书写技巧（Schreibfertigkeit）——也会在客观-目的论层面上失败：这种很多人从没写过、部分人仅写过一两次的文书明显不适于满足上述目的。

为了避免循环论证，撇开目前有争议的解释问题不谈，待解释规范要被尽可能地限定在解释中毋庸置疑的、更狭义的核心领域上，并且，解释者也要在这个领域内寻找合适的目的假说。解释者——在有利情形下——可以从被查明的目的中演绎地推导出解释问题的答案。遗嘱形式的例子能再次展现这一点：从"亲笔的"这一要求中，人们能够以目的为基础，首先推论排除否定领域（即用机器写的或速记体的遗嘱）；而常规的（用任何书写工具）手写完成的文本则符合该要求。在这个例子中存在一个（曾经为历史解释材料所忽视的）十分有利的情形，即仅有一个目的假说能真正地澄清有效规则，从而使其摆脱具体的解释怀疑；没有人能够怀疑它是违背体系和事实的：**对目的假说之真实性所做的可靠检验**仅来自文件本身。由此才能对"亲笔的"这一要求做完全充分且令人满意的解释。

即便人们从客观-目的论角度检验解释问题，前面已经在历史层面证立的结论也完全不依赖于作出裁判的法官的个人偏好，比如，他或许在主观上支持尽可能宽泛的形式自由，并且支持对形式规定做较为温和的解释，或者他完全拒斥自己看不懂的字体（如速写体）。在例子中——和大多数日常案件一样——客观-目的论解释和历史-主观解释得出了同样的结论，这种情况非常典型，并且适于作为反对激进批判者的论据。

当可供选择的多个目的被当作待解释规则的适当基础的时候，客观-目的论解释自然也就变得更困难了。但在选择暂时适当的目的假说时，转向"法

第二章　（狭义）法律解释

官的个人价值判断"的做法绝不是必要的。在转向"法官的个人价值判断"之前，进一步的法律选择要考虑最一般的法律基本价值判断，即"法理念"中的基本原则。诚然，这些原则在很大程度上也需要借助更具体的法律标准来展开，但它们往往具有更深远的影响。我们必须在此前多次使用的遗嘱情形之外，更频繁地使用其他例子来阐明这一观点，而且遗嘱案例有时也必须得到更详细的说明。

3. 目的论-体系解释

为了在暂时适当的目的假说中做出选择，第一个也是最重要的补充标准是，在最一般且完全无偏私的意义上的、作为法体系之基本原则的**正义原则**，也即平等原则（Gleichmaße）——等者等之，不等者依其不同之处不同对待。[凡是不对与该原则相关的限缩——尤其是在法律的合宪性阶段的限缩——感到畏手畏脚的人，都可能会诉诸宪法中的平等原则（《奥地利宪法》第 7b 条），这一原则体现了"作为平等的正义原则"（Gerechtigkeitsgleichmaßes）的实证化。] 平等原则具有毫无疑问的不完整性，它对于什么是等和不等并不包含任何准确的标准。但这种不完整性在当前所处的脉络中是完全可以克服的，人们根据法秩序其他地方（也即，待解释制定法之外的法律）的目的设定和价值判断来进行填充。用于补充解释材料的，并不是在体系上富有启发性的其他具体规则的明确内容，而是它们的目的和**价值判断基础**。而且，这些目的和价值判断被看作是它们的基础。在规则构成要件规定的事实中，核心是人与人之间的利益状况，通常表现为典型的利益冲突，其以类似形式存在于待解释规则的规范领域中；当然也嵌入到其他的相关事实中。

在解释的时候需要注意到，虽然这里的价值判断和对应的目标设定明显是体系中其他相关规范的基础，但它们也能在待解释规范的解释空间内发挥作用。基础的**平等要求**在这个过程中发挥了作用。人们通常在方法论中把**尽可能避免价值判断冲突**当作重要的解释目标。但把"尽可能"这一表述相对化是必要的，因为针对制定法规则间的明确价值判断冲突，并不存在方法论的灵丹妙药，而只能呼吁立法者或者（由于违背平等原则）求助宪法法院。

> **例子**：在一场事故中，一方当事人不幸身故，另一方是过错方。过错方（损害方）已经根据 ABGB 第 1327 条的规定向法定的有权取得扶养费（Unterhalt）的死者家属，就其因此而丧失的部分予以赔偿，包括死者不再能向他们提供的扶养费。在事故发生时，死者的一个孩子

第二章 （狭义）法律解释

已经能够自食其力，因此也就没有得到任何的扶养费赔偿。但过了一段时间后，这个孩子丢了工作，没有了收入，如果死者尚在的话，他本来能从死者那儿再得到些扶养费。

这一解释问题的答案不能仅限于认可或拒绝针对损害方的赔偿请求，具体阐述如下：死者家属对承担责任的损害方的请求权是否取决于死亡之时法定的扶养费请求权，或者取决于亲属法上的关系？在亲属法关系中，一度处于休眠中的扶养费请求权每每都能随着自食其力状态的终结而再次产生。ABGB 第 1327 条并未对此进行明确规定。尽管这一条文的表述用了完成时态（"entgangen ist"*），但也不足以表明，死亡之时的待赔偿扶养费损失与此有关。人们可以回顾一下评判的时间点（通常是一审法院的结论）。如果裁判者需要就损害方和死者家属之间的完全对等的利益状况做出判断，而其根据取决于，死者家属是否恰好在死者死亡之时（可能只是非常短的时间内）能够自食其力，这实在是过于随意了。

我们可以借助《铁路和机动车责任法》（EKHG）

---

* 可以译为"已经丧失"，但也可单纯表达"丧失的"。译本中就译为"丧失的"。——译者注

第 12 条第 2 款的规定，进行清晰的目的论-体系解释。这部特别法比 ABGB 要新得多，它在机动车事故中，为车辆保有人设定了无过错的危险责任。**"在伤害事实发生时，由于死者在与第三人的法律关系中的身份，根据制定法规定，他始终负有向第三人支付扶养费的义务。"** 该规定依据法律关系，很显然有利于有权取得扶养费的死者家属，扶养费请求权是从法律关系中产生的，而不是基于死亡之时的扶养费请求权：这里的目的显然在于，扶养需要并不依赖于实现扶养费请求权的偶然时间点。

小部分法律人作为典型的形式主义文字杂耍者（Buchstabenakrobat），在类似情形中拒绝上述"论据"，并认为，仅在 EKHG 中，赔偿义务才会扩张到之后实现的扶养费请求权，以至于在适用 ABGB 第 1327 条的其他损害情形时，并不能进行这种扩张。这一主张是完全错误的。立法者确实本可以在 ABGB 第 1327 条以相反的方式解决这个时间点问题。不考虑这一相反做法的明显随意性的话，他没有这么做，而仅仅是在 ABGB 第 1327 条中（不是解决，而是）抛出了上述的解释问题；立法者可能是完全无意的，因为他在规范表述中并没有想到这个特殊事实——孩子在父亲死亡之时有养活自己的能力，但后来却因没了工作而难以养活自己。现在的关键是，损害

第二章 （狭义）法律解释

方和死者家属之间的利益冲突在两个规范领域中都是完全等同的，以至于（较晚颁布的）EKHG中的明确价值判断（即当下的扶养费请求权与偶然状况无关）也完全适合于ABGB的规则。（我们当然可以理想地认为，ABGB第1327条在EKHG颁布之时就根据它进行了相应调整。）如果我们对这一问题做其他回答的话，这里就会存在**很明显的价值冲突**。此外，相较于（EKHG调整的）没有过错的、仅仅因为机动车的行驶风险就承担责任的损害方而言，（ABGB第1327条中）对死亡有过错的损害方甚至会得到荒谬的优待。因而，目的论-体系解释的结论十分清楚；对上述问题的回答——甚至以**当然推理**的形式——自EKHG生效以来就是确凿无疑的了。

至于目的解释中的、**从当事人双方的角度来证成法律后果的准则**（Maxime）——根据该准则，应同等对待损害方和受害方，既不能一先一后，也不是仅强调某一方——它在后文中还与（对立）原则的权衡有关。

4. 符合"事物本质"的解释

"事物本质" 这个表达往往以非常不同的、部分不清晰的方式被使用；借助"事物本质"，我们会试图从客观的既定事实中直接推导出规范性结论。而这个结论其实是"规范性谬误"（从"是"中推出"应当"）。

使用"事物本质"概念有两种适当方式*：人们可以借助它来描述案件，在这些案件中，一个被表述为**"规范领域的事实"**的语句往往在法律推导过程中起着独特作用；例如，因为它涉及观点差异，或者表明关于事实的决定性观点已经改变。

> **例子**：我们的出发点是这一法律命题，即只可以使用无损于健康的建筑材料。（该命题在建筑法规中得到了明确规定，不过可能只是要求我们尊重他人生命与健康的一般法律条文的单纯构成要素。）当石棉（Asbest）作为建筑材料不会产生任何大家熟悉的健康危害的时候，我们就能从法律规定和对石棉无害性的描述性语句中推断出，石棉是可以在建筑中使用的。这个与问题紧密联系的具体法律命题可以借助演绎推理从起始规范（Ausgangsnorm）中有效推出，但当人们知道石棉对健康有严重危害的时候，效力也就不复存在了。即使那时候的制定法没有任何变动，我们也能推导出一个完全相反的法律命题，即石棉不能用作建筑材料。

---

* 这里对两种适用方式的表述，作者表达得并不明显。但根据加粗显示就能得知，第一种方式是作为"规范领域的事实"，第二种方式是作为"解释的权宜之计"。——译者注

第二章 （狭义）法律解释

在目前表述的功能中，"事物本质"并不具有独立的规范性意义。由于法律的现实相关性（Realbezogenheit），法律上的推导和证立必须在最大范围内与事实陈述相结合，这可能会涉及——正如例子所展示的——对"规范领域的普遍事实"的表述，或者——在个案裁判中——确定的个案事实。如果事实陈述是错误的，例如，由于个案程序中被采信的证人证言是错误的，那么法律结论也同样是错误的。当然，这个错误能够在程序法界限内通过既判力制度免于遭受攻击。但被适用的规范性前提仍然是完全正确的，并且应得到正确对待。

当"**事物本质**"作为**解释的权宜之计**（Auslegungsbehelf）发挥作用的时候，就涉及前述的规范性前提了。在解释范围内，也即在规范概念、规范语句的"概念晕"中，当人们不再把"事物本质"等同于一种纯粹的事实描述，而能从"事物本质"中揭示出特定的**规范性内容**，那么，这个概念实际上就能够发挥澄清作用。只有当相关"事实"是典型的生活关系，也即在人类共同生活的现实中经常以同样方式出现的生活关系，或者这种生活关系通过相关规定而在法律上被承认为**"法律制度"**的时候，这种澄清作用才仅仅（但至少）是可能的。合同、所有权或者家庭就是这方面的例子，而因为缺少法律上的规定与重要性，友谊则不是这方面的例子。

那么，当法律规定显现出了必须使用客观-目的论解释来克服的解释空间时，"事物本质"便可能在可构想的目的假说中区分出更适于使法律承认的相关制度合乎一般观念的目的假说。它能够从（对当事人而言）常见的或至少不受扰的制度适用情形中，推断出当事人的可行做法。根据**合目的性**（原则）的普遍规范性准则，在解释中进行选择的可行做法是，选择能够最佳地促进法律上承认的典型生活关系正常运转，或者至少对其造成最小损害的解释。简言之，重要的是在直接当事人所处的关系中检验解释结论。

这方面的一些**例子**多是老调重弹。在商店的买卖合同中，履行地点恰好是"商店"，履行时间则是"立刻"，即便这些内容在制定法中绝不是这么表述的，但它们本身也都易于理解；同样，即使缺少其他的约定，劳动者履行劳动义务的地点，也是雇用他的企业。另外，在刑法中有这一问题，《奥地利刑事诉讼法》（StPO）第281条第1款第7项的无效理由（即没有完成公诉）是否也考虑到了被公诉人，或者仅仅考虑了公诉人？从事物本质中能够得出，

第二章 （狭义）法律解释

无效理由仅适用于公诉人，而不适用于被公诉人。*如果被公诉人借助这一无效理由去反对裁判的有效性，那么他并没有胜算。

但是，对著作权法的无偿许可制度提出的问题，我们的回答就不那么理所当然了。将首次筹划的作品（例如一部小说）的作品使用权，以赠予的方式授权给他人的行为是否在一般赠与权的意义上有满足形式要求的义务？基于"事物本质"的提示，我们当然会对这一问题进行肯定回答：因为作品将来才被创作出来，所以无论如何都排除了事实上的让与。一旦作品被创作出来了，这种形式缺陷就能够通过让与（借助相应标识）得到补救。基于"事物本质"的提示，婚姻生活共同体的法定义务，以及公司股东间的忠诚义务，都要在客观-目的论解释的范围内考虑该解释的射程范围来具体化，就像它们在生

---

* 这个刑法案例需要借助进一步的例子来理解。被公诉人在刑事审判程序中就其三个犯罪行为被提起公诉，但是判决仅就其中的两个犯罪行为进行了裁判，而第三个犯罪行为并未出现在判决书中，虽然检察官已经就该犯罪行为提起了公诉。因此，法官既没有对第三个犯罪行为进行裁判，也没有对其进行无罪宣判。一个本应被宣告的判决就这样被法官疏忽了。这本来不应该发生，因为公诉必须全部完成。现在的问题在于，谁可以援引这一情况作为无效理由？是只有未完全完成控告的、作为公诉人的检察官能够援引，还是可能想要就第三个犯罪行为得到明确的无罪宣判的被控告人也可以援引呢？结论：只有同时申请对第三个犯罪行为进行裁判的公诉人能够援引。（这一段内容得益于彼得·比德林斯基教授对我做的额外说明。）——译者注

活中的婚姻或公司状况中通常呈现的那样。

5. 借助归谬推理的解释

当某一推论的结论与它的前提相矛盾时,我们就能在最严格的意义上谈到归谬推理(argumentum ad absurdum)。归谬推理与解释至少有一点相似:法秩序是特定法律共同体的法秩序,因此应该在其单个结论中尽可能与这个共同体中绝大多数人的法律意识保持一致。压倒性多数(的法律意识)在一个多元主义社会中往往体现为,在**消极共识**的意义上通过压倒性多数(的法律意识)来拒绝(某个结论),它也足以成为解释标准;例如,通过法律共同体的几乎全部成员(的法律意识)来拒绝(某个结论),这些成员能进行尚可的理性评判,并且原则上认同法秩序,但这里并不会考虑他们普遍的意识形态观点。此处必须预设的是,这种共识并不会建立在信息缺失(或者当下的媒体操纵)的基础上。当人们借助支持特定解释结论的可靠理由,而接受了一个这样的消极共识的时候,相关的目的和解释假说就导向了归谬,并因而被放弃。人们当然必须记住,归谬仅仅涉及方法论工作中的部分操作(这里涉及的是对特定规定或问题的客观-目的论解释)。对这一观点的担心——认为可能被政治或媒体操纵的当时大多数人的情绪对法律发现起着决定性影响——应当是不

第二章 （狭义）法律解释

必要的。**法律安定性**原则也会支持有限地适用该标准；而且是在两方面的意义上：法律共同体的绝大多数成员明确拒绝的观点，自然也不会被期待为该法秩序中的结论，以至于，这样的结论对于法律共同体成员而言必然是令人惊讶的且不能预见的。除此之外，这样的结论也会削弱他们的法律意识，损害到整个法秩序的实效。

损害赔偿法（Schadenersatzrecht）中的**因果关系**提供了重要的直观例示，其核心的过错责任规范（ABGB 第 1295 条）规定，有过错的行为人必须赔偿由其过错"**导致**"的所有损害。针对作为责任前提的因果性，我们可以在当下得出非常精确的、原则上充分合理的理解，即某个事件（即过错行为）是另一事件（即损害）的原因，如果不考虑前者，后者也会消失［**必要条件**（conditio sine qua non）学说或条件关联性学说］。这个陈旧的因果性观念，在法律史上曾经是有效的，并且成了制定法的基础，但它并不明确，而且含义非常狭窄，正如 ABGB 第 1311 条第 2 句中的"混合事件"（gemischte Zufall, *casus mixtus*）所表明的那样。在因果性概念尚未被修正的情况下，不加反思地适用这一概念，自然会得出一些奇怪的结论。

例子：某一位道路行驶者因微小疏忽，导致了轻微交通事故的发生。另一位事故当事人由于行程被耽误，错过了重要的商务预约，面临生意风险。他因此选择乘飞机前往，但在目标地点降落的过程中，他又遭遇了一场意外并受了伤。这个本来能赚钱的生意也因此泡了汤。在出院回家的路上，小偷又偷走了他的钱包。一位熟人曾到医院探望他，但在医院感染了传染病，并很快传给了家人和同事。而其中一个人因为染病没能及时探望他的叔叔，从而失去了这位叔叔本来答应给他的一大笔遗产。相反，这笔遗产给了另一个侄子，他因为高兴而喝得大醉，最终造成了严重的交通事故，导致多人受伤和巨大的财产损失。人们可以随意地将这个故事继续讲下去。

更短的例子：A 通过一个违法的过错行为，即通奸或者强奸行为，导致了一个孩子的出生。而这个孩子后来成了犯罪分子，造成了无数损害。

第一个例子中的事故损害方或者第二个例子中的父亲 A 必须对提到的所有损害承担责任吗？如果没有他们的过错行为的话，这些糟心事也就都不会发生了。因此，他们的行为对所有的损害来说都是

第二章 （狭义）法律解释

有因果关联的。

在各种不同的限定责任的标准中，这里只讨论**相当性**（Adäquanz），并且只讨论它背后的主要论据。简要来说，损害后果仅归因于责任法中的责任原因，只要从一个特别专业和审慎的评判者的角度来看，结果在它出现时受到原因的（可能）推动，而且这种推动无论以何种方式都到了实践中非常显著的程度；也即，这个结果不是由于无法预料到的、完全偶然的一连串事件而产生的。

这种限定于单纯因果关系的补充责任条件已经明确排除了上面例子中的绝大多数损害后果。上述例子（以及许多其他的类似例子）也说明了，为什么最近的司法裁判相对较少地明确适用"相当性"标准：在大量明确相关的案件中，一开始就没有人会因为这种"遥远"的损害而想到对有过错的"始作俑者"提起诉讼。通常也没有人会知道第三方受伤前的全部经历。即便是由于充分性要求，他们也根本不需要对这些经历感兴趣。因此，只有某种想要将法律生活限定于诉讼的观点，才会声称相当性仅具有很小的实践意义。

实际上，对责任问题而言，相当性学说使得如今精确的因果关系概念走向了更狭窄的历史观念，即损害的直接肇因（Herbeiführung）；当然，这仅仅是有限的一小步。为了对作为责任条件的因果性做狭义解释（或限定），我们的主要论据始终在于：否则，责任将是无边际的、完全随机的，并且在其范围内是不可控且不可预见的。而且，这也与不法行为的——客观上可识别的、与动机相关的——潜在损害可能（并且通常也与损害方的过错）完全不相称。这个论据的必要部分通常并未被言明：正是这种无限性和随机性遭到了法律共同体成员（包括那些不遵循严格形式主义思维的法律人）的普遍拒绝；因此，借助相当性对作为责任条件之因果性要求的狭义解释，就是借助归谬推理来说明限缩性的、客观-目的论解释的一个重要例证。

ABGB 第 336 条规定的恶意占有人的费用偿还则提供了另一个例子，恶意占有人为占有物所支出的费用，准用无因管理的规则。而在一个有影响力的学说的（至少语言上可能的）理解中，这种准用会使得恶意占有人在必要费用上比善意占有人得到更好的对待。然而，为此给出的理由根本是不合理的。归谬推理能够径直表明：如果在上述个别问题（或其他任何问题！）中，法秩序对疏忽的或有意违法的行为人比谨慎的行为人更好，那么任何理性人都不能接受这一点。

第二章 （狭义）法律解释

6. 符合上位法（主要是宪法）的解释与规范冲突

目的论-体系解释的一个重要子类别十分重视待解释规范与形式上的上位实证法的一致性。最重要的例子就是对单一制定法做**"符合宪法"的解释**，以及对本国法做符合欧洲法的解释（第五节将专门详细介绍该内容）。这里不"仅仅"涉及避免价值冲突，而且涉及尽可能消除不同形式位阶的规范间的真正规范冲突。能产生矛盾冲突的并非基本价值判断，而是规范内容本身。解释的一般目的是尽可能避免这些冲突。这并不依赖于具体的、有据可查的立法者的历史目的，而是在客观上与实证法的不同位阶相关。始终被预设的前提当然在于，下位规范有相应的解释空间，以至于要在（有待讨论的）**现行法界限**（Lex-lata-Grenze）内寻找解答。因此，从形式上看，下位规范可能仅在它的某一种——而非全部——解释中违反上位规范，进而，符合优位性的解释就完全是行得通的。

此外，对于无法通过解释来消除的冲突，必须首先按照实证法规定的方式来解决，即通过更精确的规定来无效、废止或不适用下位规范。实践表明，总有一些规范无法以方法论中的可行方式进行合宪性解释。简言之，一些下位规范的内容从发生史（立法者意志）来看是清楚的，完全谈不上违宪性（Verfassungswidrigkeit）。这便会涉及宪法法院的日常事务，即废止违背宪法的制定法规定。例如，宪法法院就曾废止了赌博法（Glücksspielrecht）中的一个规范，因为该法在没有实质说理的情况下，针对赌客向赌场提出的损害赔偿请求权，规定了极短的诉讼时效。即便这些规范仅对这类人有意义，他们对复杂的谜题既有兴趣又有天赋，同时还会每天都做足资料功夫*，该规范的违宪性也仍会得到支持。

> **最近的例子**：ABGB 第 44 条要求，婚姻是由"两个不同性别的人"缔结的。这在文义上是很清楚的，而且立法者也确实是这么想的。而通过可行解释（ABGB 第 6 条）来实现"所有人的婚姻"（Ehe für alle）是完全不可能的。（在 2017 年的宪法法院判决中，对婚姻主体的限制是否实际上是违宪的，这里不予讨论。宪法法院在 2018 年末废止了这个判决。）

在解释空间内，相较于（不可避免地）将下位

---

* 也即为了弄明白制定法表述的含义，而把那些关于制定法及其形成过程的书面资料收集整理起来。——译者注

第二章 （狭义）法律解释

规范视为无效，或者废止该规范，符合优位性的解释是更优做法。因为这种解释确实可以避免矛盾冲突，而不会在正确颁布的下位规范有效的时候，使法律共同体的合理期待落空（法律安定性），并且在拒绝下位规范前后，它都不会让有职权的法院（即宪法法院）不平等地对待法律对象（Rechtsadressat），从而导致法秩序的断裂（作为平等的正义）。

这也是将由于——真实或（仅）可能存在的——规范冲突而不可避免出现的问题**最小化**的操作，统一的法体系不允许这类问题的存在。对于是否会涉及严格逻辑意义上的冲突，这一点虽然是有争议的，但并不重要。因为没有人能够遵守相互冲突的规范命令，相互冲突的规范完全不适于去完成引导人们行动的一般任务。因此，这些冲突规范在法律上的无用性是毋庸置疑的。

上述结论同样适用于**形式上同位阶的规范产生冲突**的情形。在这一情形中并没有用于消除规范冲突的特殊规则。那么剩下的唯一选择就是，在一般解释规则的帮助下解决或减少冲突，只要这些规则在具体关联中是有助益的。如果这一做法并不成功，那么，相冲突的规范就都不能得到适用，从而都被合理地认定为无效。

例子：ABGB 第 467 条的第三种情形规定，如果债权人"未作任何保留地"将担保物返还给债务人，担保物权消灭。简单的反面推论得出这一法律命题，即"有所保留地"返还并不影响担保物权。然而，这一法律立场与强制性的动产质押（Faustpfand）原则或公开性原则相冲突，这个原则关乎担保物权的设立（ABGB 第 451 条到第 453 条），并且借助返还合意（Rückstellungsabreden）只能轻微损害到该原则。如果不限缩 ABGB 第 467 条中的规则，也即使它失去全部适用空间（=法律上的重要性），如何才能解决这一冲突呢？毕竟这样大范围的限缩解释与废止（Streichung）的效果无异，因而公认在方法论上是行不通的。我们可以试将该规定限缩为，当有所保留的返还这么做的时候，也即当质权——例如通过在物上放置相应的标识——对于法律交往而言是可以辨认的，质权就仍是有效的。但与这种尝试相反的是，只有当实际交付对于质权人而言是不可能或至少是不方便的时候，ABGB 第 452 条才允许这种有标识的质押。因此只有这样的解释做法才能得到支持，即赋予归还时所作的保留以单纯债权的效力：如果能够进行这样的保留，那么质权人就能对质物的重新交付享有债权；如果没有这样的保留，那么出质人必然就不会再提供质物了。

7. 比较法解释

对法理论而言，法律只是特定国家或超国家的组织化社会（或它们的立法机关）的独立意志产物，而**外国法**之前被一些人视为纯粹的"事实"，从而丝毫无助于对本国法的理解和适用。然而，当人们把不同的法秩序视为对普遍基本原则之具体化的不同尝试之后，情况就完全不一样了。作为"法理念"的普遍基本原则包含正义、法律安定性和合目的性。对于自身法秩序的难以消弭的模糊性或漏洞，裁判者在继续进行自由的个人价值判断之前，能够使用其他法秩序的明确且完善的具体化（规定），解决自身法律体系中的问题。由此，比较法就在纯科学的认识和作为理性立法的可靠手段的意义上，在法律适用中获得了方法论上的明确重要性。为了在普遍实践的合目的性视角下对特定解释假说的可用性进行检验，在认定可靠的外国法时，比较法是用于控制和证明的权威材料。从相似的法秩序中，我们也能获得关于法律共同体尚存或潜在的法律意识的提示。

当然，需要明确强调的是，外国法只在非常少的例外情形中才能影响到本国规范的解释。确切地讲，解释者有必要在常规情形中非常克制地使用外国法。尤其要抵制这种比较法的诱惑，也即，简单地认为，更大、更重要的几个国家的（即法律帝国主义）——奥地利的法律科学和法院就经常（只）看向德国——或单纯数量上更多的国家的法秩序中的特定答案，是值得优先选取的，毕竟这些答案在不同国家间可能也是相互抄来抄去。同样可疑的是过度考虑某个特定法秩序的做法，但比较法学者又恰好经常这么做。相反，可能的做法在于，寻找比较法中客观且原则上都最佳的答案，它同时在内容上适应本国法秩序的体系。

只有当来自本国法秩序的论据，对于查明在该体系中最佳证立的答案而言，是过于模糊或矛盾的时候，比较法论据才不仅仅只发挥控制和证明功能，也会具有**决定性**作用。否则，对外国法的援引就会面临风险，即在本国法中产生张力、冲突或者意外效果。这种援引相较于本就存在的差异来说是更可疑的，毕竟这些差异往往是在历史中发展出来的或者符合民族偏好的。

如果用理想观念（Idealvorstellung）来衡量的话，这些差异本身自然也是绊脚石。长期以来，人们一直清楚地知道，正义（当然，更好的表达是"正义

第二章 （狭义）法律解释

的具体化"）在比利牛斯山脉的两边是非常不同的。因此在格外适于法律一体化的领域，也即与频繁的国际经济交往相关的法律领域中，实证法的**法律一体化**的优点是非常显著的。在维也纳签订的《联合国国际货物销售合同公约》（CISG）就是明证。另外，在欧盟范围内的欧洲私法一体化的规划也是如此。这涉及一部全面的制定法作品（例如，我们在欧洲可以想到不久前为了在跨国交易中让当事人有选择权而创制的合同法秩序，即所谓的选择性制度），而不再是受陌生出处影响的解释飞地（interpretative Enklaven）。但相较于过度亢奋，这里还要去权衡的是，法律一体化的代价往往在于，由没有一体化的法律领域导致的内部的法律碎片化（例如，人们在履行障碍法上实现了一体化，但在意思瑕疵法上却没有实现）。此外，还有一种风险是，一体化通常要尽可能**以最小公分母为基础**来完成。而这个公分母有时会倾向于得出简单或伪实用的解决方案，而不是合乎实际的且原则上有说服力的、深思熟虑的解决方案。这种方式经常会催生非常简单的制定法表述，其在面临具体问题时往往非常模糊且作用不大。完全相反的情形也是可以想到的：规定虽然具体，但却未对现实加以合理区分，看起来似乎是"法律上确定的"，但将这一规定适用于复杂的个案

60

时却很难实现正义,因为会把不等者等同处理。这两种倾向都是我们不希望出现的。

8. 经济学视角在解释中的意义

当人们仅关注有效法中的规范以及对它们的解释的时候,经济学角度具有完全不同的意义;它在财产法中的意义更强,在亲属法中则更弱。这一视角能被恰当地用于寻找规定目的,也即目的论解释。**"法律的经济分析"**这一法律理论思潮起源于美国,其将**对**(往往有限的)**资源的最佳化利用**放于首要位置。即便是在私法中,对权利和义务的分类也要遵循这一准则。这种对法律的分析之所以是"经济学的",是因为要运用经济学方法。经济学尤其专注于研究理性经济人(homo oeconomicus)在条件约束的情况下作出的理性决定。另外,考虑到经济学方法的片面性,我们还是要对它保持警惕。一方面,经典解释学说已经很自然地注意到了经济学视角。另一方面,在一个社会——即便在一个理性的社会——中,发挥支配作用的也绝不仅仅只有经济学视角,参考经常进行的捐赠活动就明白了。人们注意到,经济学视角当然也能带来理性收益(Rationalitätsgewinn)。这尤其适用于**立法**(Rechtssetzung),也即立法者对新规范的创制,借助经济学视角,我们可以预先尽可能审慎地权衡这些规范的经济影响(不仅是宏观经济

第二章 （狭义）法律解释

方面的影响，还包括对个体的经济影响）。

（法律人）不断要求在适用现行法时使用经济分析；例如，损害赔偿法就经常涉及规定的**效率**问题。人们只要想想完全损坏（Total schaden）的例子：被损害方何时能够［在恢复原状（Naturalrestitution）的意义上］要求修复严重受损的物品，以及损害方何时能够有效抗辩，以反对将修复费用覆盖到未损坏物品的价值上？或者在违法性和过错的范围内：何种避免损害的努力在经济上是有意义的，从何时起，避免损害较低风险发生的事件的做法是无效率的，以至于人们不能再责备损害方（由于其执行不力而）在这些做法上的疏忽？

经济分析会追问，为了最大限度地保护有限资源，众多解释可能中的哪一个能够满足规范所依循的目的。对此，经济分析的支持者通常并不会否认，法律也要符合其他标准，如来自正义或道德的标准。但他们把（对其他标准的）检验转移到效率之后的阶段，其目的是强调目前所有的待评判选项都是"没有态度取向的"（gesinnungsfrei）。通常，重要的是进行正确的衡量（当然，这种衡量很少能一次就做到充分一致）。我们也要认真警惕量化做法中的理性假象（Scheinrationalität）。这种风险在于，虽然根据详细的基础数据资料，效率标准能够用数字简明扼要地表达出来。但这些数字作为论证基础,很容易被做不同理解,并且被考虑成其他的方面,而不是与解释相关的、与量化相近的方面(这格外吸引一些人的注意)。

行为经济学对严格经济化的、理性思考的"经济人"概念做了一个值得提倡的修改。行为经济学的出发点不再是完全理性的人,而是一个展现出典型人类行为的主体。当涉及非企业主体,如消费者的时候,这个出发点很明显就是值得选择的;当相关领域(如亲属法)中严格的理性行动不再占据大规模的支配地位的时候,亦是如此。即便是商人,有时也一定会有臆想的非理性,例如出于犹豫不决的偏见,做出情绪支配下的决定或(例如在资本市场中的)从众行为(Herdenverhalten)。

V. 新现象:合欧盟法的解释

1. 出发点

这里将要谈到的问题,多年来在"欧洲法的""联盟法的"或者"合指令的"解释这些(同等重要的)关键词下得到密集讨论。但因为这个问题是多层次的,所以它也是难以解决的。出发点在于,欧盟以有法律约束力的形式〔主要是通过**指令**(Rich-

第二章 （狭义）法律解释

tlinie）]对其成员国作出规定，就像这些成员国塑造自己的国内法秩序的特定领域一样；这主要涉及消费者保护法的部分领域。法律适用者的首要任务是精准澄清这些指令的内容。对此人们经常谈到**对欧盟法律规范的解释**。在某个递交到国内法院的法律纠纷中，如果在证明国内法律规范背离欧盟指令规定的情况下，法院仍然去适用国内规范，那么，相关的成员国必须考虑到，因有缺陷的执行而触发的条约违反程序；该成员国有义务去全面地消除这个有缺陷的执行。是否存在这样的缺陷，或者是否应当制定出其他规范，就像得到正确解释的具体指令规定所展现的那样，人们要从**欧洲法院**（EuGH）那里去获知问题的答案，它会在这个问题上以有利于联盟法的统一解释的方式来作出裁判。（显然，人们在这方面也经常谈到欧洲法院对联盟法的**"解释垄断"**。）

在做出上述澄清之后，这里的关键问题就好理解了。这一问题是：是否以及在何种程度上，这种情况——在对具体的国内法规范进行解释时，一个解释可能是**违背指令的**，而另一个解释可能是与指令相协调的——对解释结论来说是重要的？我们倾向于**尽可能在指令意义上理解规范**，毕竟该指令已经预先被一国立法者转化适用到国内。欧盟指令甚至也会给合宪性解释划一个界限。但该界限的精细划定在讨论中并不一致。实践中最重要的情形是，成员国有义务去颁布转化制定法（Umsetzungsgesetz）。对某些一开始就不明确的国内规定来说，关键问题始终是：这一做法——即在对某一制定法的解释中强调借助该解释去转化特定的欧盟指令，并且在这个过程中，（只有）旨在正确转化的一般意志才能得以彰显——对于**合指令解释的优先性**而言已经足够了吗？当某个具体规范明显违背指令规定的时候，这种优先性仍然可行吗？

2. 一个具体例子中的适用问题

例子：一位私人买方（＝消费者）在建材商人那里买了一批地板瓷砖，然后就用掉了。但是之后得到证实，这些瓷砖的表面是有问题的。买方要求卖方移除有问题的旧瓷砖，并且替换上符合合同要求的新瓷砖（同时承担更换瓷砖的费用）。卖方仅仅交付了相应数量的、符合合同要求的瓷砖，因为他没有铺瓷砖的义务，所以只承担（需要买方自己铺瓷砖的）交付义务。因为这笔买卖涉及《消费品买卖指令》，所以德国法院就把这起案件移交给了欧洲法院。在这起案件中，根据指令规定，拆除和铺设瓷砖的

第二章 （狭义）法律解释

行为是否属于消除损害（Mangelbehebung）？欧洲法院曾在2011年特别强调指令中保护消费者权益的倾向，尤其是在迄今经常提到的有效性要求（effet utile）的意义上较宽泛地解释了指令的第3条第3款。该条款规定，消费者能够要求免费的修理和更换，只要这些要求并非不可能或不合比例。欧洲法院进一步解释道，拆除和安装基于合同目的而获取之物品的费用，无论过错与否均由卖方承担。

这一结论（即对具体指令规定的解释或续造）是否具有说服力，接下来会进一步展开。（至少在奥地利和德国，考虑到有限的合同履行义务——在建材市场中交付瓷砖——我们完全有理由期待得出相反的结论；此外，负责该案的欧洲法院佐审官*的裁判建议也正是在这个意义上作出的。实际上一些人认为，这一超出合同约定的履行，其缺点在于，相较于善意的买方，更会给卖方增加负担。）无论如何，最高法院紧接着就在一个类似的**涉及拆卸-安装的案件**中作出裁判，是否以及在何种前提下，一个

---

* "Generalanwalt"，一般又译为"总顾问"，其职责在于，以完全公正和独立的身份，在欧洲法院的公开审理过程中就有关案件发表意见。——译者注

65 不可变更的国内法规定（例如 ABGB 第 932 条）从现在起要在指令的意义上来解释，虽然这些国内法规定此前是在其他意义上得到理解的［也即仅限于，在买卖法义务目录（Pflichtenprogramm）的意义上，进行补充履行（Nacherfüllung）］。奥地利最高法院依从欧洲法院，对于改善的请求（Verbesserungsanspruch），以合指令的（在指令的意义上，如同欧洲法院对指令的解释一样）方式解释了奥地利法律中的规定。这是完全恰当且可行的做法，因为"改善"的概念并没有揭示出什么明确的制定法界限，而对于拆卸-安装情况而言也很可能存在一个规定漏洞：如何从制定法材料中得出这些东西，瑕疵担保规范的创制也没有注意到这些情形。但是这与下述问题并不相同，卖方（即交付方）是否能在涉及不相称的过高费用时，拒绝这一改善请求？刚好 ABGB 第 932 条第 4 款规定这一情形。虽然欧洲法院认为，指令允许这样的费用。但奥地利立法者在——同时也适用于消费者交易的——ABGB 中明确且有意地预见了来自欧盟指令的反对立场，那么规范就不再在指令的意义上进行（像欧洲法院那样的）解释了。

但时至今日，还是有一些人并不这么认为，而是想要使立法者通过创制新法（如这里的瑕疵担保法）来完全转化指令的规定［"普遍转化意志"

第二章 （狭义）法律解释

（Generalumsetzungswille）］，从而**按照指令规定**来理解国内法；无论借助何种方法论手段都应如此（或者说，完全不诉诸合指令解释的义务或这种解释方法的优先性）。在创制这些规范的时候，如果国内立法者打算以禁令的方式或宣告式地偏离指令规定，那么，这些规范便更加是与指令相违背的——而这些做法之所以从未出现过，是因为立法者绝不会有意忽视欧盟指令。这一立场将在几乎所有的情形中，使得指令对各成员国的本国法秩序具有直接效力，尽管《欧盟合作条约》（AEUV）第288条中并未规定这样的**直接效力**（不同于欧盟条例的效力），相反，该条约仅原则上（向成员国）施加了一个在国**内法中进行转化的义务**。与单个制定法的违宪性相似的是，在个案中也要考虑到违指令性（以及嗣后的修正义务），如果这一特性并没有被国内立法者意识到，因此也总是会发生的话；例如，因为立法者并不清楚规定的射程范围，但已经有意地创制了特定的——欧洲法院事后觉得过于狭窄的——制定法。

更复杂的是《消费品买卖指令》仅针对消费者的交易；欧洲法院也仅在这个意义上才有职权去解释指令。但该指令在奥地利的转化却（主要）体现在整部ABGB中（不同于BGB，它包含了关于"消费品买卖"的单独一章）。当立法者超出消费者法的范围去转化规定，但却没有义务非得这样做的时候，他就在"超额"转化了。如果一位**经营者**买了东西的话，又该如何适用呢？最高法院在随后的判决中选择了**分裂的解释路径**，从而拒绝了作为买方的企业的拆卸-安装请求。它按照合联盟法的方式将关于改善请求的规范解释为，仅限于消费者的购买行为，同时对改善义务做了像之前一样的狭义处理（义务仅在于交付合同所涉的瓷砖）。但是这并不因此而具有说服力，因为奥地利立法者有意去同等对待消费者及其他人的购买行为，而在这些购买行为中根本看不出利益状况上的差别。最高法院的判决通过所谓的**双重使用情形**（Dual-Use-Fall）阐述了这一——并非毫无疑问的——发展的暂时结论：预制木地板的买方，不但把地板铺在他用于工作的办公室，也铺在三个私人房间中。尽管私用占了大部分，最高法院仍然（仅部分地）拒绝考虑适用于消费者交易的规则；并且同时基于其所提倡的不同解释路径，认为木地板卖方的安装-拆卸义务并不在改善义务范围内。

另外，在欧洲法院作出判决之后，奥地利的相关制定法从未变动，德国立法者却有所反应：从2018年1月1日起，针对所有的买卖合同（因而不限于消费品买卖），其补充履行（或改善）义务都包括对相关物品的安装和拆卸（BGB 第 439 条第 3 款）。而直到当时都在《德国商法典》中运用的不同解释路径对于新情形而言，也变得过时了。

关于违指令性的其他例子：在这个例子中，违指令性不能通过方法论上可行的方式来消除。分别作为在奥地利和德国有效的规则，《奥地利消费者保护法》第 9 条第 1 款和 BGB 第 476 条规定，在二手动产买卖中，在不利于消费者的意义上消费者的诉讼时效经过双方合意不得短于一年。欧洲法院在 2017 年的一个判决中明确要求，缩短时效的做法违背了作为基础的《消费品买卖指令》，该指令一般性地规定，消灭时效期间不得短于两年；另外，时效的缩短还涉及，在交付瑕疵产品之后的哪段时间能够进行缩短［责任期间（Haftungsfrist）］。因为立法者已经就诉讼时效的缩短作了有意规定，那么（在宽泛意义上）也就没有合欧盟法解释的空间了。

VI. 统一法的解释

对所谓**统一法**的解释，也即对这个规范构造（Normengefüge）的解释，也有一些独特的规则；统一法并未嵌入国内法中，而是在更小的、有精确边界的领域中，对许多国家作了语词等同（尽管必然是以不同的语言）的规定。在相应的案件中，对这些规范的解释致力于追求国际同步（"维持国际裁判协调"）。因此，这种**自主解释的原则**在于：解释者（应该尽可能地）"从规定自身中"理解这些规定，这意味着对具体的规范集合体（及其产生和目的）进行限制。有时，在规则复合体（Regelungskomplex）自身的规定中就能发现这类方法论指引。

一个醒目的**例子**就是《联合国国际货物销售合同公约》（CISG）第7条。它在第1款中规定，对本公约的**解释**应考虑到本公约的国际性质；并且促进其统一适用的需要。第2款则规定，**漏洞**应优先按照公约所依据的一般原则来填补；在没有一般原则的情况下，则应按照国际私法规定适用的法律来解决。为了实现最广泛的国际裁判协调，法院也会考虑其他缔约国已经公布的裁判。

VII. 疑难案件中的解释

1. 特征

疑难法律问题的特点是，来自不同方法论层面（有时则是一个层面）的解释论据（包括客观目的论

第二章 （狭义）法律解释

论据），在很大程度上不仅散布于不同的解释方法中，而且指向不同的方向。这个特点的前提在于，通过（稍后会讨论的）解释方法的**优先性关系**（以及借助必要的"对比检验"实现的优先性关系的相对化）并不能得出可用的解答。解答的"可用性"意味着，它一方面克服了相关法律规则在案件事实上展现出的模糊性问题，另一方面不会出现矛盾，特别是在法律目的和原则层次上的矛盾。在疑难情形中当然不存在简单的，甚至能被完全机械式运用的灵丹妙药（或者模板）。不过，在法官个人价值判断获得正当地位之前，对被阐明的或可发现的所有不同**法律**论证路径进行全面分析和权衡是可行的。

这里的重点是**"法律的"**（论证路径）。对于其他反映独立于法律的主观或群体偏好的论据，或者甚至是带有敌视法律倾向的论据，我们总是可以通过相同性质的对立偏好来进行回击。因此，只有对恰当论据进行相应的限制，才可能进行理性的法律发现。有待权衡的相关规范性论据必须从所有体系层面的法律、方法论标准中推导出来。这里的"法律"应**从广义上来理解**。它不仅包括"实证法"规则，即以制定法形式规定的规则，还包括作为规则基础的目的，以及支配整个法律制度和法律材料的法律原则。这些原则具有普遍效力，也阐明了法律的一般目的。

基于上述这些前提,权衡问题自然就转移到客观目的论层面。因为其他方法已经用尽,但没有取得足够的成效,即便把它们加总在一起也是如此。这当然也包括迄今为止所描述的客观-目的论解释。因此,现在需要具有补充性的(同时**"更高层级的"**)客观-目的论解释。到目前为止,制定法(更准确来说,是待解释的具体制定法规范)的"目的"以一种在实践中得到简化的方式被使用。这之所以大体上是可能的,是因为从通常构成制定法规则之基础的不同目的的整个网络来看,当然只有那些与问题相关的(目的)才是重要的,其余的则可以忽略不计。这个目的可能是对起初对立的目的倾向做的折衷,它首要阐明了待解释规则或其关心的构成要件特征,因此解释者不须特别考虑一开始就存在的目的冲突。

但是,如果刚刚提出的问题落入一些彼此竞争的初始价值判断或初始目的的冲突区域,并且不能从待解释制定法及其体系和历史背景中得出与问题相关的特定折衷方案,那么,诉诸制定法的"这个"(唯一且相关的)目的来实现的简化做法必须被放弃。即使目前的法律,如其规定的那样,无疑是一种妥协,但可能仍不足以解决关键问题——在眼下的问题中,多个相互冲突的价值何者优先。使用一个在事实方面很简单(但解答并不简单)的例子就能更详细地说明这一点;以及作为更高层级的客观-目的论解释的,用于解决这一问题的**"原则权衡"**。

2. 复杂的争议问题和法律理论

格外有争议的法律问题经常以非常不同且复杂的事实为基础;同时,当下的意思表示解释问题的答案依赖于有关的在先、嗣后以及旁侧问题,而这些问题本身就已经足够困难了。人们只要想想整个法律行为法就明白了,尤其是把合同法当作相关的问题域。解释者需要比较那些被提出且可找到的论据的整体情况——这些论据是针对所有子问题的,也指向每个核心的解答可能;并仔细分析,在这些相互竞争的要素中,何者能够更好地与无可争议的法律内容**协调**,最重要的是,更少地与规则和法律原则**冲突**。

如果每一种观点都能够从法律中推导出有力论据,那么在其他的子问题中不发生冲突则几乎是不可能的。最佳证立的解释路径,是最不会与法律上确定的要素,尤其是与更深层次的、荷载体系的法律原则相冲突的路径。至于何种解释选项能够满足这一标准,自然每一位优秀的、谨慎的法律人都会有自己的看法。正是出于这个原因,任何对此类问题作出评判的人，都必须与确定的法律内容相联系，通过尽可能全面且批判性地分析讨论情况，来形成自己的合理法律观点。

给核心问题，以及在先、嗣后和旁侧问题，提供一个统一的、尽可能连贯的、与体系和事实相适应的答案，人们通常在法律科学中将这种原理性的解答路径称为（法教义学的）**"理论"**。这些理论试图从连贯的基本观念（Grundvorstellung）出发解决问题域中多样且广泛的问题。要想赢得认可，这些理论必须尊重法律的明确内容，从法律的原则和目的层面阐明相应的解答，并且从这些层面中面向公开且有争议的问题给出尽可能连贯且可用的解答。

多个相互冲突的理论必须被批判性地检验，以确定其中哪一个最符合上述要求。例如，在合同和其他法律行为中，人们会想到意志理论、表示理论、信赖理论和混合理论。在其他法律领域中，则有侵权法中因果关系的相当性理论和等值理论（Äquivalenztheorie）；此外，还有关于法人的各种理论，以及不当得利法中的统一说和区别说，后者区分了给付型不当得利和普通的不当得利请求权。一旦某个理论在实践中被普遍接受，那么借助这些理论，许多案件的裁判就会变得简单得多。

相较于全面的理论建构和理论检验，**"论题学"**

第二章 （狭义）法律解释

（Topik）和**商谈理论**——试图通过自由讨论（经常在一些非现实的前提下）获得决定性的规范观点——更不适合提供实践上可取的结论。风险在于，它们会使得讨论既没有边界，又不知所终。由于法律的约束力，法律商谈被理解为商谈理论的"特殊情形"，并且也存在约束这些法律商谈的特殊论证规则。商谈理论的这个变体酷似法学中解答疑难问题的常见做法，正如刚刚描述的那样。毫无疑问，为了尽可能完整地搜集并评判与特定问题可能相关的论据，基于专业知识进行全面讨论是最佳的方式。

有些人一开始会拒绝适用在法教义学努力下得出的理论概念。然而，这是不合理的，即使它有时因为相对狭窄的问题域，只是一种"迷你理论"（Minitheorien）。理论是一系列命题的集合，这些命题之间不会产生冲突，而且这些命题的一部分能从其他部分中推导出来，并且能够得到部分检验。此外，它们还具有**规划性**（Entwurfscharakter），也即推测性要素。如果这些要素此后通过广泛的认可，在试验或（例如在法律科学的）实践上得以保留，那么它们必须展现出一条扩展认识的可能途径并实现这一目标。

在法学中，**某一理论的"命题体系"**（Satzsystem）包括，对可能相关的法律规则及其已知的目的和原则做的理想化重述，针对未决的核心解释问题提出的目的或原则假说，对"相关的具体事实类型和（例示性的）个案"进行的结论推导，以及这些推导所要求的、关于规范领域构成要件的事实陈述。

这些事实陈述与那些经验主张一样，都在同样的范围内是**可检验的**。从法律本身和法学方法论规则来看，对法律的援引（Bezugnahme）也是可批评的。**目的或原则假说**必须证明，它以简单和令人信服的方式详细阐明了大家已经熟悉的法律状况，并且对于特别困难的法律问题，其产生的结果也不会带来任何法律上的体系性矛盾（包括在基本原则层面）。同时，这个结论也应当在实践中是可适用的，并且对法律共同体中的大多数成员来说至少是合理的。面对这些法律问题——外行只有借助详细而耗时的教导才能明白，且几乎没有人愿意这么做——法律共同体必须被足够专业的法律人所代表。

所有这一切内容也适于回答（原则的）**"影响范围"**（wie weit）问题；也即根据更精确的优先性区间（Vorrangsbereich）来划定范围，以将优先性赋予问题所涉的多个冲突原则中的某一个。

3. 举例说明（兼谈法律原则及其冲突）

这个事实并不复杂的**例子**是再次从"亲笔书写的遗嘱"的法律中得出的：一份用个人笔迹写就的遗嘱，被亲笔署上了"你们的父亲"。因为其他的前

第二章 （狭义）法律解释

提都必然容易得到认可，那么这份遗嘱的有效性便取决于，人们是否认为这种署名方式就是法律规定的立遗嘱人的"名字"。

在语词分析中，根据一般语言用法要明确否定这一问题，因为"名字"是具有识别特定个人之功能的语词。纯粹的亲属称谓却并非如此：世界上有无数的人是父亲。但是，从特定逻辑视角和由此确定的、相当少见的语言用法来看，每一个称谓都可以被用作"名字"，这个称谓能在一定情况下识别特定个人，即便这并非该词的一般功能。如果从遗嘱的内容和其他附带情况中，立遗嘱人想要向某人作出意思表示，那么在亲属称谓中则是这样的情况：一个在遗嘱中提到的人——他通常在遗嘱中是带着名字出现的——的父亲显然在亲属关系中是清楚确定的。用亲属称谓来署名，并不缺乏表达终局性（Endgültigkeit）和有效性，而且在亲属间的书信往来中也并不少见。

然而，借助最主要的语言用法进行的**语言上的制定法解释**并不能表明，这种署名方式能满足要求。**体系–逻辑解释**进一步确证了这一点，因为关于获取姓和名的规定显然只是针对一般语言用法意义上的姓名。但这些规定涉及完全不同的利益状况，也即，并不是不同继承人之间的冲突，而仅仅是一般识别标志的获取。

历史解释表明,"署名"必须以立遗嘱人"惯常使用"的方式进行[1]。如果立遗嘱人过去在与家庭成员的往来中以这种方式署名,则可以说明这种署名的适当性。然而,这是一个很弱且事实上模棱两可的论据,因为它只会在家庭范围中得到考虑,而不会被普遍采纳,而且只有一部分父亲在生前是这么做的。

之所以要用"姓名"来署名,原因并不能从材料中得出,虽然署名具有的终局性和有效性显然也可以借助其他的结尾语(Schlussformel)来满足;例如,借助"这是我的遗嘱"或"在我死后,我的财产应如此处置"这样的表述。但是,一个如此"署名"的遗嘱确实在形式上是无效的,因为这个署名跟法律规定的"用他的名字"毫不相干。**客观-目的论解释**从更普遍的考量中得出,在法定构成要件"姓名"中,只有基于"理性上可接受的**目的**"的结论才是可能的:这种看似微不足道的要求——让立遗嘱人用完整姓名来署名,进而**仅从文书本身中就能更轻松地识别出立遗嘱人**——是对立遗嘱人的苛求。当(遗嘱规定首先指向的)某些人的称呼,以及这些人的其他情况显然是毋庸置疑时,那么——如前所

---

[1] Ofner I, S. 347.

第二章 （狭义）法律解释

述——"父亲"的称谓就能够清楚识别出立遗嘱人。这样应该就能很好地满足决定性目的（的要求）了。

借助文件本身来进行可靠的真实性检验的做法是可能的，但就整个形式规定的有充分历史证据的目的而言，这一做法也面临一定质疑：一个人通常使用的签名要比他的其他字迹具有更为个性化的烙印；频繁使用又强化了这些特性。用通常意义上的姓名来完成的亲笔签名，也让对签名的真实性检验能够比对其他手写文本的检验更加可能。而用"你们的父亲"来署名的做法，并没做到这一点。由此，真实性检验的制定法目的并不能被尽可能实现，尽管考虑到整个用于笔迹对比的文本，这一缺陷是非常微不足道的。（毫无疑问，机打文本与此并不相同，它只有签名是"亲笔书写的"。）因而，我们不确定，制定法目的是否能在这里的结论中得到实现，它可能也是过分且不必要的形式主义要求。

人们必然去寻找其他论据，然后，他们会在**原则**（以及可能的**原则冲突**）领域发现"富矿"。当人们对**遗嘱自由**有所怀疑的时候，质疑对它进行狭义解释的必要性*的做法也要得到论证。这个支配着继

---

* 这种质疑的做法所针对的是，限缩遗嘱自由原则的范围是否必要。——译者注

承法的原则要求，每个人原则上都能够且有权在其死后根据其生前意志来处分财产。这个原则显然是整个遗嘱制度的基础。但它乍看之下会被遗嘱的形式必要性原则（Formbedürftigkeit）限制。形式必要性原则同样是有充分理由的，因为在做出继承法中的特定法律行为时，考虑到形式严格原则（Fromstrenge）的通常理由（主要是防止仓促行事），人们就不能再在遗嘱的内容和终局性上质疑立遗嘱人了。因此，为了贯彻遗嘱自由原则而尽可能地限制形式规定，这种做法当然是不可行的，因为它损害了——在目的上得到充分证立的——形式必要性原则。

前述的署名问题涉及遗嘱自由和形式严格这两个原则的部分冲突（就此而言，形式严格原则有良好的目的，也即确保处分事实上是死者做出的，并且要求应以某种方式完全维护立遗嘱人的利益）。批评者之所以没有毫不迟疑地对这一事实表示满意——即以最具压倒性的语言用法对"姓名"概念采狭义理解，而"父亲"的称谓并未包含在内——当然不是出于语言上的疑虑。没有特殊的规范性理由，人们也不会把其他少见的歧异语言用法当作确凿的替代项。问题其实在于，上位的遗嘱自由原则在这里居然要给形式严格原则让路，从而有利于这个边缘化的、分量更小的原则。

第二章 （狭义）法律解释

原则，即法律中的基本价值判断，作为整个法律制度或法律材料的基础，并不像具体法律规则那样能够被直接适用。它们也不可能得到最大限度的实现，因为它们可能会频繁地发生冲突而难以发挥功能。确切来说，它们是**最佳化命令**（Optimierungsgebote）：在冲突情况下，权衡（Abwägung）是必要的，它要考虑相冲突的对立原则来对该原则进行必要且合比例的限制。对我们在制定法中的问题，以及它的直接目的基础来说，这种必要性和合比例性并未被事先明确规定。同样在认可了使用"你们的父亲"来署名的做法的情况下，形式规定的目的在这里虽然没有完全实现，但也获得了尽可能的贯彻。这一形式规定的让步仅涉及真实性检验的一个额外的、绝非必要的要素。对此，原本为形式规定所严格限制的遗嘱自由就免于更过分的限制了。就这个问题中两个原则的冲突"程度"而言，在缺少对制定法及其基础的明确说明的情况下，必要的、与问题相关的权衡则更加支持遗嘱的有效性。这个对遗嘱自由的额外限制就是实质性的，而且相较于仅对形式强制的边缘内容施加的限制，该限制更加重要。

基于"更高层级"的客观-目的论阶段——即通过**原则权衡**——获得的方法论结论，也即这个解决问题所必需的具体法律命题,基于前述权衡,其内容在于:用亲属称谓来署名的做法——这个称谓能够根据遗嘱内容和情况来明确识别出立遗嘱人——符合用"他的名字"来署名的制定法要求。

如果任何人出于经验理由而在真实性检验中认为通常的署名方式更为重要的话,那么相较于这里认可的原则权衡的做法,他会得出不同的结论。如果他在笔迹调查中能提供专业理由来表明通常意义上的签名是更可取的或者必要的,而这些理由与前面对这个问题的"日常理论的"评判相对立(毕竟根据某位在学术和实践上经验丰富的笔迹鉴定专家提供的讯息,这样的日常理由并不成立),那么解释者将会抛弃原则权衡而遵照这些专业理由进行判断。对更大难度的法律问题的评判通常无法达到接近盖然性(Wahrscheinlichkeit)的确定程度。上述考量表明,无论是借助本身即有明确压倒性的语言用法的纯粹语言层面,还是借助对有时被诉诸的"健全的人类理解"(或"健全的民众感受")这个假定的一般考量,这两种做法都不足以应对这里的解释问题,因为人们首先要尽可能地进行法律分析。这个偶尔费力的法律分析工作通常也不可避免地会放弃最佳的理性。

上述事实虽然无可争辩,但并没有在后述方面

第二章　（狭义）法律解释

改变任何东西，即在法律实践中，方法论论证往往由于时间原因，开展得不那么详细和明确，并且就被提出的问题而言，关注的问题始终都是，狭义的亲笔书写的签名对真实性检验是否具有关键意义，或者仅具有有限的补充意义？［作为体现终局性的明确标识以及遗嘱的结尾，用"你们的父亲"来署名无论如何都是足够的。］在许多法律案件中经常能看到这种简化的论证。然而，除了巧合以外，这种简化的论证通常仅在该前提下才是可行的，即人们至少在范例中会有意地对论据进行完整的方法论阐述。只有这样，人们才能培养出足够的"感觉"，以辨明何种表达是明确的或乏味模糊的，问题的真正难点在哪里？

这还会涉及原则冲突的另一个方面。这些现象不仅在**法律创制中**，也会在**法律适用**中得到人们的关注。同时，解释者也要避免极端主义的做法。通过消费者保护法的例子，我们可以很好地展示这一点。即便在**消费者保护法**中，**"保护弱者"**原则格外重要，但并不是每一次修订或解释都只考虑这一原则来处理消费者保护法的规范。例如，正义的核心（同时也有具体化需求的）理念或者契约忠实（Vertragstreue）这个一般私法原则也应始终得到关注；也即消费者的合同相对人所值得保护的利益。在这个意义上要拒绝的做法是，解释者在解释规范时，几乎总是自动选择有利于消费者的解释选项。［目前在适用《奥地利消费者保护法》第 6 条第 3 款规定的"透明性要求"（Transparenzgebot）时，人们要注意到：几乎没有一般交易条款（AGB-Klausel）在司法裁判中是足够清晰的，进而能满足透明性要求。］毋宁说，解释者也要关注其他当事人的明确利益。这个更新颖的学说，即要求从当事人双方的角度对法律后果进行证成的学说，也强调要去关注其他当事人的利益。* 但当立法者完全忽略这个标准，并且不加迟疑地创制规则的时候，这种考量自然也就不能提供任何帮助了。（不过他创制的规则在极端情形下也可能会具有违宪性。）

> **例子**：《瑞士消费信贷法》（Konsumkreditgesetz）进一步规定了放贷人（Kreditgeber）的信用能力检验义务（Kreditwürdigkeitsprüfung）。对于严重违反该义务的情形，该法进一步规定，放贷人不仅无权请求利息和费用，而且无权请求返还其提供的全部贷款（第 32 条第 1 款）！

---

* 从当事人双方的角度对法律后果进行证成，是弗朗茨·比德林斯基教授在方法论中提出的主张，又译为"双向证成学说"。——译者注

第二章 （狭义）法律解释

这一点是明确且不合理的，但在简单的制定法层面，却被接受为明确的规范内容。对此，立法者显然非常片面地关注并且过度强调了预防方面以及消费者*的利益，然而在这个过程中他并不区分如下问题，（例如）借款人（Kreditnehmer）用这笔贷款做了什么，他是否完全丧失了偿还能力，等等。但从双向证成的角度来看，情况却并非如此。类似情况也适于《奥地利银行业法》第100条，它并不像瑞士的例子那么极端。该条规定，任何没有取得相应的（银行特许）资格而从事银行业务的企业，就它依约完成的银行业务而言，不具有任何酬金请求权；因这些业务而设立的保证和担保同样是无效的。

---

* 因为这部法律是消费信贷法，所以这里的消费者其实指的就是后文的借款人。——译者注

第三章
填补性法律续造（主要是类比和限缩）

I. 基础

1. 与狭义解释的关系

第一次听到**"填补性法律续造"**这个表述的人几乎都感到无从下手。这个表述听起来令人生疑，也无法从字面上就得到澄清。那么，它究竟提到了什么，在何种情况下我们能在"法律发现"的过程中选择这种路径？我们经常只有在具体的问题（在下面的例子中指设立担保性所有权）中，才能对这种方法论中的法律构造（Rechtsfigur）进行最佳阐释。

> **例子**：对于质权［也即物上有效的担保权和受偿权（Befriedigungsrecht）］的有效设立，许多法秩序都（首先）要求质物的实际交付

第三章 填补性法律续造（主要是类比和限缩）

(ABGB 第 451 条、BGB 第 1205 条)。当事人能否不用实际交付的做法，而通过（基于担保目的的）所有权取得的方式，来达到完全相似的效果呢，即优先保障个别债权人的效果呢？所有权，通常仅规定了灵活的交付形式；例如，根据 ABGB 第 428 条（或 BGB 第 930 条）规定，占有改定（Besitzkonstitut）就能够发生所有权取得的效果，物仍然在让与人手中，而受让人取得了所有权。单纯从文义出发，如果当事人想要——即便只是暂时的——取得所有权的话，ABGB 第 428 条（在 ABGB 第 451 条的情形中）也是可适用的。实际上他不过想设立一个类似于质权的权利。因此要去问的是，这种做法是不是我们必须避免的法律规避情形？

就像人们在这个例子中看到的那样，当"通常的"解释得出一个目的论上十分可疑的结论时，填补性法律续造的可行性和射程范围问题也往往就相应出现了。当解释自身收效甚微时（尤其在 ABGB 第 451 条中）：现在大多数人承认的界限是，有待适用与解释的法律规则的可能语词含义。**在可能语词含义范围内**的方法论结论，属于**解释**。相反，当**逾越了可能语词含义的范围**时（例如，在上面的例子中，所有权取得就不在质权设定的可能语义范围内），就是**填补性法律续造**了。后文将对法律续造的合理前提做进一步澄清。

另一种观点是根据立法者目的进行区分，如果超出了这一目的，便是法律续造。但是这种观点只能进行有限的区分：如果关于立法者目的的历史证据指向偏离文义的方向，那么严格的合乎文义的法律适用应当是法律续造吗？由于缺少关于立法者主观目的的历史线索，即使客观-目的论的法律适用会得出语言上显而易见的解释，那么这种客观-目的论的适用也应当是法律续造吗？

相反，根据法律评判者最直接易得的标准来区分，也即根据制定法文本中的可能语词含义来区分，在实践中是更可用的。这种区分的重要意义正在于，由于强烈的法律安定性要求，而将作为法律续造的主要形式的**类比推理**排除（在解释之外）。像已经说过的那样，这尤其针对刑法中不利于被指控人的情形：在犯罪行为发生时，只有存在已公布的刑法规范，且人们可以相对容易地接受其指引时，审判机关才能（对行为人）施加刑罚。当可罚性（Strafbarkeit）仅能够从对立法者的其他目的的提示中推导出的时候，而该目的在公开、可查阅的制定法文本中并未表达出来，这种情况就完全违背了上述要求。

第三章 填补性法律续造（主要是类比和限缩）

然而，在当代刑法中也有一些人通过微妙的论述主张应该放弃根据可能文义去界定（解释与续造）的做法。这些呼声自然也没有提出更可行的界定标准。应予承认的是，可能文义标准也有其"概念晕"，从而不能在所有临界情形中得到精确区分。只是其他界定建议在这一点上会表现得更加强烈。

要强调的是，不能仅仅因为法律概念和界定（Abgrenzung）无法在每个个案中都产生可适用的、明确界分的归类，就认为能成功批判它。毕竟，指责其他观点缺乏**数学般的精确区分可能**，而自己的观点又肯定不符合这种要求的态度，往往普遍存在但又无济于事。如果一种界定本身与既往主张一样，在事实和体系上是合理的，但相较而言更精确，那么提出这种界定的人便能够正当地经受住批评。在法学中，人们必须尽量满足于在大多数情形中都能够充分精确区分的标准。虽然这种标准在特殊的临界情形中也会产生解释问题，并且必要时只能借助"法官的个人价值判断"来通往与问题相关的最终顶点（Zuspitzung）。古希腊哲学认为，在各个知识领域的可能范围之外追求更多的精确性是没有意义的。

对可能文义标准来说，关键的是，它恰当地描述了一个不同的方法论起点：所有受到制定法中的（以文本形式出现的）单个规则约束的、要对相关案件作出裁判的人，只有当他对暂时不确定的文本内容形成了与问题相关的观点的时候，才能实现规则的约束力，也即适用该规则。没有解释，这种做法就完全行不通。然而，当实证规则的可能文义被逾越的时候，至少就会抽象地存在这种思维可能性，也即，为了不损害实证规则的约束力，拒绝对规范可能文义之外的案件或案件要素进行法律评判。人们会直接把这样的事实视作与法律无关的[**"法外空间"**（Rechtsfreier Raum）]，无论如何不会让文义上不合适的规范来处理该事实。但这种说法是错误的。事实的法律相关性和评判必要性根本不可能从实证规定的语词内容中得出，而必须在其他方面得到证立。尽管在远远超出明显的法律理解的意义上，将某一事实与后果连接起来的做法必然是无法接受的；例如，当有人没有对他人的善意回以充分感谢，或者没有在匆忙中向熟人打招呼，或者没有对回拨请求给以即时反应的时候，那么（这些人）应当赔偿他人的损失。

填补性法律续造在方法论上的特殊性恰恰在于提供必要性，也即（要去证明），即使特定事实不能被归入某一实证规则的最广泛的语言理解，仍然有必要对它进行法律评判；这种必要性不仅仅是对这句格言——因为规范的文义并没有得到满足，所以

第三章 填补性法律续造（主要是类比和限缩）

相应的法律后果也不会出现——的**反面推理**（稍后会详细介绍反面推理）。因此，即便在习以为常的——尤其是为欧洲法院所践行的——语言用法中也不应将法律续造描述为广义的法律解释。虽然人们可以彻底地主张，这仍然是解释问题，当然不是针对目前的单个规定意义上的制定法，而是一整个法律体系。借助这里拒绝采纳的术语*，法律续造的特殊性反倒会被不合适地模糊掉。

2. "一般消极命题"

制定法实证主义并不认可区分（解释与续造）的合目的性，以及填补性法律续造的可能性。这种观点——大体上严格地——主张**"一般消极命题"**。该命题认为，在实证的法律规则之外不存在任何法律（Recht）。而那些不能被归入特定实证法律文本中的事实或事实要素就始终是与法律无关的。它们不能产生任何法律后果，尤其是请求权或抗辩权。所以，**制定法漏洞或法律漏洞**——它们要通过填补性法律续造来弥合——的思维可能性从一开始就遭到了**拒绝**。

---

* 也即，部分人主张将法律续造中的"法"理解为"法律"（Recht），而不是"制定法"（Gesetz）。这个做法是为作者所否认的。作者认为法律续造中首要的仍然是制定法，续造是以制定法为对象的，而包含原则层面的法律（Recht）只是被诉诸的材料。——译者注

84　　　但这种基本态度**在理论和实践中都是说不通的**。人们自然可以建构一个非常狭窄的法概念，它恰好能推出上述结论。但同样不可否认的是，其他的法概念也是可能的，它们对于完成法律的基本任务（在冲突情形中进行理性上可以理解的裁判）而言，在根本上更符合目的。此外，当某一法秩序的制定法明确承认了制定法漏洞的可能性，而且也规定了填补性法律续造时，制定法实证主义的狭窄界定就变得特别荒谬，正如 ABGB 第 7 条和《瑞士债法》第 1 条的规定所展现的。

> ABGB 第 7 条规定："对于法律案件，既不能依法律的语词，亦不能依法律的自然含义作出裁判时，应比照制定法中关于类似案件的裁判规则，以及与该法律有关联的其他制定法的理据。"*

为了对这一规定进行背离解释，解释者将会耗费大量精力，而且也不能惧怕循环推理，因为他已经是在论证法律的无漏洞性这个必须被首先证明的命题了。而为了这个目的，人们就要狭隘地理解法

---

* 法条原文的翻译参照戴永盛老师的译本。参见《奥地利普通民法典》，戴永盛译，中国政法大学出版社 2016 年版。——译者注

第三章 填补性法律续造（主要是类比和限缩）

概念，认为漏洞是不可能的。

由此可见，制定法实证主义对"制定法漏洞的可能性和法律续造"的批判缺少适当的基础。大量**法律史经验**表明，仅仅靠事先拟定的法律规则从来都是不够的，而各种参照（Anlehnung）和扩张始终都是必要的。在一部并不追求决疑式完美的法律中，例如在奥地利私法中，不通过类比来进行法律发现是完全不可行的，正如后面的例子将展示的那样。

简言之，无论是被明确表达还是隐晦提出，"**一般消极命题**"都是**幻想产物**。唯一重要的是，为填补性法律续造提供最合理的标准。

3. 制定法漏洞

制定法漏洞的——为适当主流观点认可的——前提与前面*描述的填补性法律续造的特殊的方法论出发点问题相对应。在该前提下，人们发现缺少这样的规范，它至少在最可能的语词含义范围内，对于既存的事实问题是直接可适用的。这个前提是必要的，不然的话，待填补的规定漏洞就完全不能与单纯的法外空间区分开来。这必然会带来与有效法律没有任何联系的、随意的法律续造。

---

* 即本部分"1. 与狭义解释的关系"，探讨法律续造与法律解释的界限。——译者注

制定法漏洞的定义表明，前文用过的让与担保（Sicherungsübereignung）的例子提出了一个**额外的方法论问题**。因为涉及所有权取得（Eigentumsverschaffung），所以解释者需要从文义上去考虑既存所有权取得（Eigentumserwerb）的制定法规则，因此漏洞的存在就是需要证立的；但除此之外，考虑到德国制定法中的所有权取得规则，证立要求将被明确拒绝。为了清晰说明，后文将专门处理这个有待澄清的（目的论）**限缩**（这里涉及：为了证立担保性所有权——可能被表述得过于宽泛的——取得规则的适用范围）的在先问题。

制定法漏洞通常被描述为，既存法律规定的**"违反计划的不完整性"**。这意味着，对于某一具体的、有待评判的事实而言，缺少一个在文本（以及对文本的最宽泛理解）意义上可适用的规定，然而如果立法者连贯地遵循其对法秩序的计划的话，这一规定本应存在。

这个想法是不现实的，即存在一个如此全面的一般计划，它是针对待公布的整个制定法秩序而被实际拟定出的，然而之后却没有被充分注意到。它并没有把握住立法的现实与可能性。对"违反计划的"不完整性的现实主义解释是，在具体的制定法规定中，其**目的和基本价值判断（原则）不能被连**

第三章 填补性法律续造（主要是类比和限缩）

贯且全面地实现，而这些目的和基本价值判断是由立法本身在有争议的关联中得出的。这个体系性计划的前提不现实，对于立法活动而言也不必要；而"部分计划"（Teilplan）才是切实可行的，它涉及人们对筹备中规定的目的和基本价值判断的思考。

之所以在规范制定上缺少全面的目的一致性和连贯性，原因往往在于，参与立法活动的人缺少对各种可变事实的完整概览，而这些事实自身是为目的和基本价值判断所包含的。当立法工作过度地将自己固定在某一特定的案件形象上，或者制定法表述单纯没有关注到一些不那么常见的事实情况（例子就是前面提到过的瑕疵担保法中的拆卸-安装情形），就会存在**"完整性缺陷"**。有时，由于分析不充分以及事实错误，某些事实差异可能看起来是与目的或基本价值判断相关的，但实际上却并未经过更进一步的考虑。因为这种错误，它们不可能被包含在制定法的构成要件中。同样常见的是，立法者认为某一特定事实是需要调整的，但由于该事实（实际或假定上）不具有实践重要性，而未能为其制定明确的规则，因此在需要获取该规则的情形中，便通过类比将获取规则的任务托付给"学说和判例"，正如它在制定法材料*中所表述的那样。如果基于"适用严格的文义"这一托辞而拒绝对所需规则进行推导,那么这种情形同样是"违反计划的"。

当人们将"漏洞"与着眼于直接适用的法律层面相联系,也即具体的、被创制出的制定法规范,并且对它的界定也考虑到了在内容-体系上都更深的法律体系的目的和原则层面,那么,制定法漏洞的特征就非常简单明了了。填补漏洞的工具必然也主要来自目的和原则层面。

"目的论"漏洞在实践中十分重要,但一些人却错误地认为它是"不真正"漏洞。考虑到作为平等的正义原则,制定法目的要求在主观-历史或客观-目的论的意义上,将(作为类比基础的)起始规范的法律后果扩展到——超出构成要件最大限度的语义范围和语言理解的——事实上来。这种做法的合理性在于,根据起始规范的决定性目的,这个事实——在任何既存的制定法或习惯法都没对它进行规定的条件下——同样有调整需要,并且要得到同样调整。对漏洞的确认和填补要借助同一个方法论的思考过程,也即对制定法目的的反思与掌握。

---

* 也即前文的 ABGB 第 7 条。——译者注

第三章 填补性法律续造（主要是类比和限缩）

以让与担保为例：质物的实际交付在制定法上是强制性的，其无可争议的理由在于，通过实际交付产生格外强烈的公开性。只有当质物不再在出质人（Pfandbesteller）手中的时候，才排除了对出质人的责任资产（Haftungsfonds）*的第三人欺诈行为的可能。当担保关系当事人决定，不仅仅要去设立质权，而且为了满足担保目的，甚至要转让所有权的时候，就不能再优先考虑对当事人利益的其他价值判断了［当担保目的不再存在的时候，所有权应当连同质物一起返还给担保给予人（Sicherungsgeber）］。

更棘手的是对**"原则漏洞"**的确认和处理。在讨论原则的适用时，我们将回到这一点。相反，对**逻辑（或真正）漏洞**的确认要更简单一些。现代法律实证主义者们把它们视为与方法论有关且有填补必要性的漏洞。在这种情形中，未经填补的既定实证规范是完全不可用的。

例子：法律规定了金钱之债的利息，但没有指明利率。典型的法律实证主义做法会把决

---

* 指用于清偿债权人之债权的、为债权人所支配的债务人财产。——译者注

定权交由法官的自由裁量,即法官可以随意地确认利率。实用主义做法则理所当然地倾向于,类推适用某一个目的或基本价值判断适当的、对利率作出规定的规则。

通过预先交代后文将会详细讨论的**"现行法界限"**,这里要强调的是,导向适用的法律科学所具有的正当的、方法论上的可能性,借助**立法者的决定特权(优先权)**——如果没有这种决定特权,社会的国家组织以及特殊的立法机关的形成,就是没有意义的——被特别地限于有效法的范围之内。几乎所有的现代宪法都严格区分法律创制(立法)和法律适用(法律的执行)。这当然也适用于填补性法律续造。它的**界限**由法律层面的明确文义与立法者的明显可检验的历史目的在协调状态下共同划定。填补性法律续造的文本要素在于,缺少一个针对待处理问题事实的、语言上或许可用的规则。但是,如果规则的**缺失**刚好建立在**立法者的有意决定**的基础上,这个问题事实就不应当产生任何法律后果,或者至少不应当产生我们所理解的法律后果,因此也就不存在任何法律层面的"违反计划的"不完整性。并且,由于立法者有意决定去另行处理,即便这种缺失在事实或体系上是不合理的,并且要(由立法

第三章 填补性法律续造（主要是类比和限缩）

者）根据更深层次的法律论据在未来法（de lege ferenda）中加以克服的时候，情况也依然如此。

例子：在奥地利姓名权改革的早期，当夫姓成为婚姓时，法律承认了已婚妇女把女方姓放在夫姓之后来用（即双重姓氏）的权利，根据材料中可推断的立法者目的，在相反的情况下（即女方姓氏当作婚姓）并不存在男方使用双重姓氏的可能性。我们无法断定这种说法的任何充分理由，特别是符合权利平等的理由。但是，立法者的有意决定（以及司法裁判），反对将姓名后置权类推适用于男性。（在上述解释中，这无疑是一条违宪规范，但该规范直到被宪法法院废除之前，依奥地利法而言都是有效的。）

在**情势变更**（rebus sic stantibus），也即情况发生重大变动的条件下，对现行法界限的适用自然也会变得严格。如果较新的法律具有不同的立法者价值判断，进而引发了与旧法的价值冲突，那么这个用于消除冲突的界限也能够通过**"功能变迁"**（后文会谈到）被推移。

II. 类比和反面推理

1. 表面上的"跷跷板"

作为首要的、与制定法最亲近的法律续造方法，**类比推理**在上一节的查明"目的论"漏洞部分就已经被描述过：与问题相关的制定法目的（例如，质押时的实际交付的要求）能从历史认识材料中或以客观-归纳的方式展现出来。接着，它就能被演绎适用于待处理的、不能包含进制定法的案件问题。接着，起始规范的法律后果也能作用于案件问题；虽然不是由于"直接的"（制定法适用），而是类推的制定法适用。这个说法——规则的目的同样"适用于"问题情形——表明，文本上不可用的规则（即质押规则）与问题情形（即让与担保）具有**关键的相似性**（两者的类比）。

另一个**例子**是保证法中的书面性要求（ABGB第1346条第2款、BGB第766条），它将阻止对陌生债务操之过急的责任承担。这一法理（Ratio）同样适用于类似方式下的个人责任承担，例如债务加入或担保（Garantie）。因此，目的论论据会全然支持将保证法的形式要求类推适用于其他的担保形式，并且使形式自由原则对它

第三章 填补性法律续造（主要是类比和限缩）

们发挥作用，虽然在它们的上下文中——如果存在单独的制定法规定的话——找不到任何关于形式问题的规定。这个推论无论如何都是适当的。当然，在精准地查明目的以及从该目的中进行推导的时候，可能会出现问题。

有时，即使解释者不能充分合理地有效查明相关的制定法目的，类比问题也必须得到解决。那么，通过分析起始规范文本中包含的情形与肯定会超出该规范的待决情形之间的差异，我们就能够发现，相较于所有在上下文中凸显的法律目的和价值判断，事实差异并不重要。

例子：只有当人们不能充分弄清楚，为什么出租私有住房（Eigentumswohnung）*时的租客，相较于其他的房屋出租的租客，会获得更少的保护的时候，相关的规则就要类比适用到出租享有楼层所有权（Stockwerkseigentum）的（旧的、很少独栋的）房屋的情形。共性——即单纯对房屋的一部分具有物上排他的支配权——是如此明显，以至于所有物的构造差异在租户保护

---

* 这个住房是更大的房屋中的一部分，也即公寓楼。与独栋住宅相对。——译者注

上不能发挥任何明显作用。

类比推理与**反面推理**（argumentum e contrario）明确对立。反面推理要求，某一法律规定的法律后果应当仅适用于该规定的事实构成前提，而不会扩张到文本不能涵盖的情形上。方法论批判者一般会反对道，这两种对立的推论形式始终都是可选项，因此都是没有价值的。

但是，这个反对意见只有在错误的前提下才是对的，即只有被制定出的法律规定才是重要的并得到考虑。（不过，即使更实用主义的制定法实证主义者至少也承认，可以从其他认识来源中识别的立法者目的在解释时也具有重要意义。至于为什么这种目的在法律续造中作用并不明显，原因不得而知。）前述说法就是对反对观点本身的反驳：当人们不仅仅关注到制定法文本（也即制定法的"文字"），而且——譬如援引 ABGB 第 7 条——也看到了该制定法的目的（理由）的时候，前述反对观点所主张的**类比和反面推理之间表面上随意的"跷跷板"**就根本是不可能的。相较而言，它更会涉及这一情况，即与问题相关的制定法目的是否仅仅关系到构成要件所包含的事实（然后适用反面推理），还是超出这一事实（进而在此范围内适用类比推理）。仅仅参考制

第三章 填补性法律续造（主要是类比和限缩）

定法文义，对这一问题以及其他方法论问题而言都帮助不大。

例子：ABGB 第 1327 条规定，(受害人对其负有扶养义务的) 法定扶养债权人，如未成年人，就其因受害人死亡而丧失的利益，享有对责任人的损害赔偿请求权。如何评判那些针对死者的买卖、借贷以及损害赔偿之债呢？这些债权人同样因为债务人的死亡而拿不到他们的钱了，并且也同样由于债务人的死亡而（"间接"）蒙受损失。基于制定法文义，我们或许并不能拒绝将扶养债权的规定类推适用到其他请求权之上。而相应的文义通过类推适用确实会被逾越！但相比之下，关键是第 1327 条规定的明显目的，即为相关主体的重要扶养需要提供特别保护。是这个目的，而不是文义，要求在这里进行无可置疑的反面推论。

因为决定性的目的并不能被充分精确地查明，所以在一些情形中，适用上述标准可能会得出可疑的结论。然而，这并不能成为支持无数更合宜情形的论据。

诉诸沉默的论据（argumentum e silentio）在不同

的角度上与反面推理相区别。人们将这种论据理解为,从沉默中亦能推理得出规范意旨(ratio legis):规则的目的不完全将其法律后果限定在文本所实际涵盖的情形上,也即它本身允许类比;但并不将其法律后果推及当下待决的事实上。不仅是文本,就连目的也对这一待决事实保持沉默。

ABGB 第1327条再次提供了一个当时的法律史的**例子**:早先,亲属法在术语上明确区分(狭义的)扶养费给付和家庭劳动给付(包括婚姻中的家务、对孩子的培养和教育、夫妻间的协助)。由于亲属法意义上的债务人的死亡,基于相关的制定法目的,ABGB 第1327条被类推适用到丧失家庭劳动给付的情形上。因此,其他债权类别(如买卖、借贷以及损害赔偿之债)也就涉及诉诸沉默的论据。自从制定法文本将家庭劳动给付置于(现在被广义理解的)扶养费概念之下时,相应的情形就只涉及对制定法的体系解释和反面推理了。

就此而言要明确坚持的是,立法者反对类推适用的有意决定,并不能恣意地或者唯独受制定法文义论据的指引;就如这个格言所说:制定法仅包括

第三章 填补性法律续造（主要是类比和限缩）

某些特定情况，因此也只想包括这些情况。当然，这还不能表明是对类似情况的有意排除。我们仍然可以说，这些类似情形并未被那些具体参与立法活动的人有意追求，或者这些情形可能要托付给通过类推进行的法律发现。如有疑问，当然不能将作出不同且武断的规定的意志强加给立法者，因为他同样受正义和平等原则的约束。因此，如果对立法者有意不连贯的相关规定有疑问，那么我们需要做的是类比而不是反面推理。

2. **类比推理的种类**

（1）最简单的形式就是**制定法类比或单个类比**，它直到今天都是类比的基础：特定单个规定的目的同样适于，与其在法律上相似的却并未被制定法文本所确定包含的情形。

> **例子**：依据合同订立时承诺表示（Annahmeerklärung）的到达或受领理论（Zugangs-oder Empfangstheorie），ABGB 第 862a 条规定，承诺表示到达受领人时即为有效。至于某人向他人发出的其他意思表示，如合同要约（Vertragsofferte）、终止（Kündigung）、解除表示或选择表示（Optionserklärung），ABGB 并没有作出相关规定，无论这些意思表示在制定法中多么常见。 93

如果人们不知道，相关的意思表示何时以及在何种方式下生效的话，相应的规则也决然不能被适用。那么，这里就存在一个**"逻辑"漏洞**。对该漏洞的填补，需要根据 ABGB 第 862a 条的目的来将其类比到这里，从而为了更好地进行风险管理来分散（意思）表示的传递风险：发出方确定了传递的方式；因此也只有他能够影响到实际的传递风险。在该意思表示进入受领人的支配范围后，也即到达后，根据事物本质，受领人及其组织的防护措施（organisatorischen Vorkehrungen）就对后述事实负有责任了，也即意思表示立即为受领人所知悉。这种分散风险的目的不仅适于承诺表示，也同等适于所有的有受领需要的意思表示。

另一个例子：预约（Vorvertrag）受到情势变更原则（clausula rebus sic stantibus）的明确调整（ABGB 第 936 条）：因为对于这样的准备行为来说，当事人通常所感受到的——往往持续很久的——约束力要弱于主行为，所以人们在缔结单纯的预约合同之后可以明确依据情形的实质变动来做出调整。这一点对于制定法未特别调整的选择合同（Optionsvertrag）而言同样有

第三章　填补性法律续造（主要是类比和限缩）

效。因此就需要进行类比。在这里，它是另外一种要去处理的价值冲突，该冲突表明，一个目的论漏洞是存在并且可填补的。

(2) **法律类比或整体类比**从一系列制定法规则中确定了一个共同的基本思想，并且，由于这一思想不与任一单个规则相称，而是作为共同的制定法基础发挥作用，所以这种类比将该基本思想适用于类似的、并未被直接调整的情形中：

例子：所有在制定法中得到进一步规定的继续性债务关系［如使用租赁、用益租赁（Pacht）、劳动关系、公司］都包含这一规则，即无论商定的期限如何，该关系随时都可以由任一缔约方基于重大事由而单方解除。尤其是，由于另一方的违约，以及客观情况的变动，继续（履行）合同变得无法接受。基于合同自由原则，现在许多继续性债务关系在缔结时都会明确将自身排除在法定继续性债务关系的几个类型（例如交换使用、继续性买卖、继续性运输合同）之外。但是，这个关于重大事由的规则仍可基于整体类比适用到上述债务关系中。在继续性关系中避免不可接受之合同约束力的目的，亦完全适用于此。就像即将展现的价值冲突那样，这里也存在着能够被轻松填补的目的论漏洞。

3. 类比中的强化类型——当然推理

可行的当然推理有**两种**：**举轻以明重**（argumentum a minori ad maius），它将某一规则的法律后果适用到其文本所不能包含的情形上，而该情形根据此规则的目的来看，更加需要这一法律后果（也即，该情形不仅仅是"单纯在法律上相似的"）。

例子1：ABGB 第 349 条规定，当有体物遗失且不可能被找回，或者被自愿抛弃，或者被他人占有时，原占有人丧失对有体物的占有。物（例如在一场火灾中）被完全毁损的情形，当然也属于占有丧失，尽管 ABGB 第 349 条并没有提到这类情形。

例子2：奥地利《扶养费预付法》（Unterhaltsvo-rschußgesetz）第 22 条第 1 款规定，如果扶养费的花费是不合理的，并且支付受领人在抚养子女上对这笔款项的花费存在故意或严重过失，受领人负有返还预付款的义务。如果在一个具体情形中，受领人并没有把这笔预付款

第三章　填补性法律续造（主要是类比和限缩）

花在子女身上，而是用在自己身上，那么，从对制定法规则的当然推理得出，该受领人更加需要返还这笔款项。

举重以明轻（argumentum a maiori ad minus）会导致转向消极的结论：在就连一个超出制定法目的的事实也不能引起特定法律后果的情况下，那么更轻微的事实自然也不会（引起任何法律后果）。

　　例子：即便是值得保护的善意占有人，也不能对所有人的返还之诉进行抗辩，虽然他已经向第三人支付了该物的价金（ABGB 第 333 条）。该规则的目的在于，占有人与第三人之间的关系由于其相对性，丝毫不涉及所有人。那么当占有人是恶意的，因此也不那么值得保护的时候，这一目的就更应该得到适用了。

在法律后果方面，举重以明轻的论据表明，如果某一事实产生的超出（规则要求）的法律后果是明显不合理的，那么这个事实就应该只具有不那么超出规则要求的法律后果（而不单单是具有其他的法律后果！）。

　　例子：虽然股份有限公司的监事会基于特

定事件，享有《股份公司法》（AktG）第75条第4款规定的（终局性地）罢免董事会的权利，但监事会在罢免董事会之前必须先实施影响没那么严重的措施，即（暂时）解除职务。

III. 目的论限缩

与类比恰好相反的情形是，相关规则的文义所包含的内容要比其目的所对应的内容多；并且是在"概念核"层面（"概念晕"层面的类似情形则要用到限缩性的目的论解释）。当**最狭义的可能文义已经超出了制定法目的**，也就出现了严重的法律续造问题。这时便需要通过**目的论限缩**进行——与类比相对的——法律续造，将制定法所规定的法律后果限制在与目的相关的范围内。

因为现存的、目的论上过度包含的制定法文义，相较于缺少可适用文本的类比情形，能够唤起更强烈的预期，所以适用者自然也有必要从更多方面来谨慎对待它。首先，要对作为限缩条件的目的进行格外审慎的检验和证立。这么做的理据是，如果不限缩有问题的规则的话，那么有体系关联的其他规则的适用范围也就没意义了。其次，不要在目的论限缩的伪装下追求关照"个案的所有情况"的衡平

第三章 填补性法律续造（主要是类比和限缩）

法学（Billigkeitsjurisprudenz），它会即刻消解相关的规则。相反，适用者必须证明，能从被规定的法律后果中将一组可以抽象地确定的案例排除出去。

在目的论限缩的情形中，这种法律续造所要应对的法律漏洞是**"隐藏的"漏洞**，也即，它根据制定法目的来看是必要的例外，并且未被明确的规则构成要件所包含。

例子1：ABGB 第918条（与BGB 第323条完全类似）规定，由于迟延而解除的宽限要求应当给迟延履行方机会，使其通过迟延但即刻的履行来维持合同。但如果迟延方现在已经郑重表示，他决计不会再考虑去履行合同（即**拒绝履行**），那么宽限设定就纯然是一个无意义的、难以实现其合理目的的形式罢了：人们从最佳来源，即从债务人自己那里知道，他不会利用补正机会（Nachholungschance）。此时，不设宽限期的解除就因而是有效的，即便奥地利法并未就——与BGB 第323条第2款第1项不同的——这组案例规定任何明确的例外。

例子2：没有实际交付赠与物的赠与合同需要遵守特殊的形式；也即，根据《公证行为法》

第1条第1款（d）项的规定，它需要进行公证。如果在某一合同中，仅有**赠与人的表示**是以公证的形式存在的，而受赠人只是通过简单的信函表示接受，那么这份合同是有效的吗？因为形式要求的目的是保护行事匆忙的赠与人，所以其意思表示必须符合特殊的形式。[正是在这个意义上，制定法仅对保证人（Bürge）设定了书面形式要求。]但这条规范的表述使得整个合同*都要满足形式要求，因而被理解得过于宽泛，这就需要目的论限缩，认可前述情形中赠与的有效性。反之，即便不就赠与人的意思表示作出的形式规定做（进一步的）限缩，价值不大的赠与在现行法中也是可能的**；之所以如此，是因为法秩序并没有给这种行为设定界限。

例子3：对于已经数次谈到的让与担保，需要对 ABGB 第 428 条做后述讨论：规定仅考虑到了**继续性的让与**（dauerhafte Übereignung），例如基于交换、买卖或者赠与合同的让与，对其而言，较低程度的公开性就足够了，而不需要

---

* 也即要约和承诺。——译者注
** 也即那些价值不大的赠与，即便没有实际交付，相应的合同仍然是有效的。——译者注

第三章 填补性法律续造（主要是类比和限缩）

像质权那样。在设立质权的过程中，债权人将取得优先受偿权（Befriedigungsvorrecht）。因此，ABGB 第 428 条的情形 1 规定（占有改定，即物事实上仍然在交付人手中）要在"基于担保目的的所有权取得"的情形中得到限缩。这个由于担保性所有权而产生的漏洞，接着要通过对 ABGB 第 451 条这一目的论上适当的设立质权的规定进行类比适用，来得到填补。至于为什么在实践中基于相同的制定法情形，德国法上的通说却令奥地利法学家十分惊讶，其完全是由其他的要素决定的（德国通说允许借助占有改定，对设立质权的强制性规定进行规避）。

IV. 一般法律原则的适用

1. 总论

一般法律原则已然在狭义法律解释和类比中发挥着重要作用（只要参考前面关于需要受领的意思表示的风险支配原则的论述就足够了）。而且至少在大多数成熟的法秩序中，在法律获取时直接适用法律原则的做法都是为人熟知的。为了充实制定法的空白，许多国家甚至会通过明确的制定法表述对法律原则加以规定。（通过 ABGB 第 6、7、8 条对方法论规则进行比较全面的部分编纂的尝试，从1811年来看已经很成功了，在比较法中也相当独特。）ABGB在第7条最后一行的规定中就提到了**"自然的法律原则"**。在ABGB的筹备阶段，人们曾谈到"一般法律原则"。ABGB中的这个表述变化并不是以实质的变动目的为基础的。相较而言，**"一般的"**法律原则这个表述方式更可取，因为它较少激起自动的拒绝反应，这些反应通常源于仍然广泛存在的、针对制定法表述的自然法恐惧症（Naturrechtsphobie）。ABGB的主要编纂者——策勒（Zeiller）*——虽然是法律理论家、自然法学者，但作为立法实践者也尤其重视制定法的重要性。因此，他强调，在法律发现中对一般法律原则的援引只能是辅助性的、相对不那么直接的；由于立法者在决策和价值判断上的特权，即便从今天的立场来看，这么做也是正确的。否则，实证的制定法就不能充分发挥其维系和平、促进法律状况可认知性的功能。今天这还会涉及立法机关的民主合法性。

然而，作为后置于解释和——更亲近于制定法

---

* 弗朗茨·策勒（Franz Zeiller），1751—1828年，奥地利法学家，被认为是除了其师卡尔·马蒂尼（Karl Martini）之外的，哈布斯堡王朝时代的最重要的理性法主张者。他们都将罗马-日耳曼法与理性法联系起来，以期使理性法服务于私法典编纂。——译者注

第三章 填补性法律续造（主要是类比和限缩）

的——类比的方法，也即作为一种辅助的法律发现方法，在棘手的个案中直接诉诸一般法律原则的做法在理性上是不可避免的。即便注意到原则的相对模糊性，情况亦是如此。那些指出其模糊性的批判者，也往往只能建议评判者进行无标准的裁量或者运用个人的价值判断。

2. 原则的性质及其查明

一般法律原则（Rechtsgrundsatz）凝结在所谓的**原则**（Prinzip）中。在许多法律领域和法律制度中，这些原则都为人所熟知，是对所有的相关法律材料发挥关键影响的基本价值判断。它们在不明确的过渡中，与制定法目的和制定法理由相区别，特定的、单个的制定法规定（例如某一特定条款）的目的和理由并不能就此成为整个法律复合体（如整个合同法）的基础。

一说起主导性原则，人们会想到宪法中的民主、法治国和基本权利保障原则，刑法中的罪责原则或者罪刑法定原则，程序法中的既判力原则和自由心证原则，物权法中（有限的）所有权自由、公开原则以及权利的绝对性，债法中作为主导思想的私人自治和信赖保护，物权和债权法领域都有的权利外观原则，亲属法中广泛的照顾义务原则，继承法中遗嘱自由和顺位继承原则，等等。旧的原则学说已经在许多情况下强调，一般法律原则是一般性的、荷载体系（systemtragende）的基本价值判断，并且在解释和法律续造中都有用。在这个意义上，**原则**并不能被划分为构成要件和法律后果两部分，也即它并不是着眼于直接适用的法律规范，而是一种**普遍的价值倾向**，其涉及广泛的事实以及相关的具体法律复合体。

较新的原则学说首先是威尔伯格（Wilburg）*基于法教义学而发展的"动态体系"理论。这种学说在法律理论上强调**原则的结构特殊性**，认为其在内容上不同于其他的规范类型，也即那些旨在直接适用的**"规则"**：如上所述，原则并不要求被完全遵循，而只是**最佳化命令**。它是可以层级划分的应然要求，只有在可能的情况下才会被追求，特别是在**考虑到其他相冲突的原则**之后。更新一些的法律理论则深入推进了对原则的"或多或少结构"（Mehr-oder-Weniger-Struktur）**的认识。因此，无论是立法者已经在冲突情形中进行的权衡性考量，还是而

---

* 瓦尔特·威尔伯格（Walter Wilburg），1905—1991年，奥地利民法学家。在长期的民法学研究中，他发展出了著名的"动态体系"的概念，并且在不当得利领域的研究中卓有成果。本书的作者弗朗茨·比德林斯基还有许多格拉茨和维也纳的教授都是他的学生。——译者注

** 规则是以全有或全无方式来适用的，而原则只能通过权衡的方式以或多或少的程度来实现。——译者注

第三章　填补性法律续造（主要是类比和限缩）

后的法律适用，都需要原则。

一般法律原则的查明，需要注意两个不同的立场：简言之，第一个立场想要从实证法中蒸馏出其基本思想，第二个立场则相反，它试图从不依赖于法律的、在人际交往中观察得出的观念和做法中，也即从事实中查明（原则）。为了尽可能地检验（Kontrolle）原则的查明，我们需要结合这两种方式。在法律适用中，人们应尽可能贴合实际地从实在法中归纳出价值判断基础，这类**价值判断基础**超越单个规定的规范基础，指向整个法律制度或体系材料。因此，与类比推理不同，原则查明并不引发特定的法律后果，也即起始规范的法律后果，而只是考虑到法律后果去**指向原则所表达的价值倾向**。

另外，不断推进的归纳最终导向了"法理念"中**最普遍的法律原则**（法律目的），即**正义、法律安定性与合目的性原则**，这三者的内部差异在此不再赘述。这些原则——或多或少都明确且频繁地被法律外部的、主要是涉及权力的基本倾向所遮盖——在法秩序中，至少在欧陆法系（Rechtskreis）的法秩序中是可检验的，因此构成了在经验上得到最佳证实的**法律基本要素**。同样，若任何人冷静而仔细地考虑过自身长远利益，同时将其他人当作有同等权利的利益承载者的话，都必然会接受这些原则，因此它们在理性上也是充分合理的。

当然,如果想要查明现行法律规则的一般价值基础,通常只能从社会中大多数或最有影响力的成员最初独立于法律的行为中提取其所反映的价值,因为这些价值必然会被纳入制定法。人们对背信行为以及对由此导致的期望落空的普遍拒斥的反应,明确指向在法秩序中广泛应用的信赖原则;人们被无数次明确证实的愿望是,能够按照自己的意愿管理自己的事务,例如私人自治和所有权自由。如果仅仅从实证的法律条文中进行归纳,法律人就有可能迷失在众多抽象层次之间,甚至可能将糟糕制定法的基本思想视为法律原则。

毫无疑问,在某些时段和某些地方流行的社会观点,尤其当有"足够"的政治和媒体的煽动及其对立法的影响时,会变得极其不人道。想想从过去几十年直到今天都存在的对特定族群的人类同胞的歧视,这种歧视从相对温和的开端一直发展成残忍的大屠杀。在极端情况下,即使是形式上被"积极"颁布的、具有此类内容的制定法命令也会实质上失去其法律性质。然而,即使还没到这般堕落的地步,在歧视性制定法尚未"积极"涵盖的漏洞处,将相应准则当作一般法律原则加以适用的做法,正如极权主义体制经常宣传和实践的那样,在理性上也是

第三章 填补性法律续造（主要是类比和限缩）

站不住脚的。相反，有效的方法论准则是，虽然被适用的制定法违背了事实和体系，但适用者仍要尽可能限缩解释它们，而不是通过类比推理或者完全通过对一般法律原则的承认来扩张它们。在查明其他的一般法律原则时，首先可以借助**作为检验装置的法理念基本原则**来拦截上面所拒斥的做法。即使是从政治上被错误引导的立法中得出的明确标准——例如奥地利的出租车运营许可所涉的确凿标准，声量巨大的、组织完备的职业群体甚至可以摆脱宪法基本权利的约束（去促成这些标准的出台）——也绝不是某个一般基本原则的备选者。

查明这样的原则是**完全不同**的事情，许多要素在这个过程中共同发挥影响：从实证的法律规则和法律制度中进行的归纳，在相关共同体的共同生活中明确凸显出的价值偏好，以及根据基础法律原则进行的附带检验。此外，**比较法**是一种证立或检验（所猜测的）一般法律原则的相对方便的方法：那些在许多法秩序中被同等承认的内容，往往能回溯到共同的一般法律原则。

正如这一节开头提到的例子所表明的，尽管存在种种困难，但**在各个法律领域都有许多无可争议的法律原则**。刚才提到的问题显然在很大程度上是可以克服的。

3. 原则漏洞

即使实证法律规则——被单独看待的话——没有在最可能的范围内符合某个**原则**的要求，具有"或多或少的规范结构"的原则，也即作为最佳化命令的原则，其特征也已经排除了原则漏洞的存在。但对于所有的**原则冲突**而言，原则漏洞又确实是不可避免的。同时，原则冲突也使得最佳化权衡变得不可能，当其适用范围（也即待填补漏洞的范围）是未知的。**对原则漏洞的查明**必须与其填补工作区分开来，也就是说，查明要与既存的、待填补的实证规定保持尽可能密切的联系。查明的**目标**是，一个**尽可能连贯的总体系**（Gesamtsystem）。

存在**两种检验漏洞的选择：相似性检验**将探讨的是，待评判的问题情形是否至少与被特定单个规则所涵盖的情形是相似的，以及——在结论取决于价值判断的情况下——相应的法律评判无论如何都是必要的，也即不考虑将之归于"法外空间"的做法。与类比不同，这里不会为了问题情形而对特定法律后果进行推断，也即对在"起始规范"中规定的法律后果进行推断：这个目前被考虑的起始规范的单个或多个法律后果，可能对于手头待评判的问题情形而言，是不相干并且完全不能适用的。更确切地说，目前对法律评判的必要性的推断仅仅在于，在其范围内，目的或基本价值判断"适合"既存的实证规范。

完整性检验涉及对法律生活中的典型生活关系的权衡，这种关系通过全面的法律规定而被承认为法律制度，并且被认为是值得推进的。紧接着要去检验的是，该规定是否能在法律现实（Rechtswirklichkeit）中充分实现该制度对直接参与人而言值得向往的价值。当回答是"不"的时候，就存在需要借助一般法律原则来填补的漏洞。这两种检验漏洞的选择是可结合的，并且能够明确地补强彼此。

问题情形所需要的法律后果（或者在不同的结论中：许多不同的法律后果），必须与相关法律原则的（在最佳化意图中均衡的）价值判断相一致，并尽可能从法秩序中其他为人熟知的法律后果类型中提取出来。后面的这个要求，旨在避免不必要的、额外的困难和不安定性。

4. 例子

这些目前为止仍然抽象的考量必须并且应当——破例在单独一节中——通过不同的材料来具体展开。在奥地利，**个人的死者权利**（Totenrecht）提供了第一个**例子**，其对于排斥死亡现象的新时代文化而言非常典型。问题在于，谁来决定埋葬死者的方式与地点，甚至可能决定尸体的迁葬。对于发生在私人参与者间的这种争论，缺少可直接或类比适用的规则。这种法律纠纷很少见，但却会在相关人员间激起更大的愤怒（例如在死者的妻子与情人间、在去世的父或母的孩子间、在去世的孩子的离异父母间）。返还尸体的请求权，特别是挖掘请求权（Exhumierungsanspruch），以及反对此类请求权的抗辩都会得到运用。

在一个非常古老的判决中，奥地利最高法院曾经在"一般消极命题"的意义上作出裁判：由于缺少制定法规定，所以也不存在与此相关的请求权或抗辩权。这个观点的荒谬之处在于，关于尸体的争议最终将听凭以诡计或暴力方式进行的恣意角逐，因为无论以何种方式实际占有尸体的人都必然在法律上是无懈可击的。因此，司法裁判早已根据可以发现的相关法律原则对这个法律问题作出了裁判：首先，死者的意愿本身是决定性的，它不需要通过（例如）遗嘱形式来表述。即使死者的意愿是被假定的，它也可以发挥作用，也即，如果死者没有就其埋葬作出任何实际表示，但根据目前的情况，裁判者将假定他有特定的意愿，如果他思考过这个问题，他很有可能会产生这个假定的意愿。其次才会考虑最亲近的家庭成员的意愿，而且不是根据正式的亲属系列，而是选择在死者生前与其真正亲近的人。

第三章 填补性法律续造（主要是类比和限缩）

最后，必须遵守死者安息原则（Totenruhe），因此出于尊重死者的原因，应该避免不必要的挖掘。

这意味着，在被私人自治原则强烈塑造的人格权领域，将私人自治原则与家庭关怀原则（Familienfürsorge）结合起来；而且这种精确结合通常能使合理运转的家庭关系免于纠纷。对上述原则进行的、与问题相关的精确表述也遵循了**"事物本质"**的要求。因为在一个发达的法治国中，即便是比尸体纠纷具有更少感情色彩的利益冲突，也当然能够并且必须在规定程序下得到解决，同时，由于家事法律制度缺乏对家庭成员死亡的规定，无论是相似性还是完整性检验，都表明这里存在需要填补的**原则漏洞**。

另一个在实践中更为重要的**例子**就是，所谓的不动产上的**"承租人的准物权"**，根据既有的司法裁判——而法学对这一问题的观点并不一致——承租人可以依据该权利来对抗干扰或排挤他的无权第三人。（出于各种原因，尤其是因为占有之诉的时效非常短，奥地利法对承租人的占有保护并不充分。）在当代法律中，**作为一般原则的承租人保护原则**可以证立租赁中的这一物权因素。但在制定法表述中，这个原则仅指向出租人及其所有权继受人，并且主要用于在出租住宅和营业场所的情况下限制出租人的终止权。目的在于，保障承租人生存所需的住宅使用和——实质上问题更大的——活动的空间基础。更重要的是（**借助当然推理进行相似性判断！**），这种保障目的必然也作用于无权第三人，即便他突破了所有人和出租人的文义。人们很乐意依据 ABGB 第 372 条这条物权规范进行类比，但类比不仅在文义上不可行，而且起始规范的目的也另有所指。它的目的在于，预先赋予可能的 [但由于前物主（Vormann）的怀疑而无法证明的] 所有人或者准确来说——借助取得时效前提而被充分证明的——"将来的所有人"，以类似所有权的物权请求权（该权利仅在针对实际所有人时才会失效）。在这个目的下，一个对所有权取得来说适当的取得行为（Erwerbsgeschäft）就是必要的，而租赁合同显然不是这样的行为。另外，在类比适用 ABGB 第 372 条时，也不能证成其不区分动产承租人和不动产承租人的做法，就像司法实践所做的那样。可靠的理由是承租人保护原则，并且由此将"针对第三人的承租人的准物权"的范围限制在关乎其生存的、为制定法所格外保护的租赁关系内。在奥地利，这种情况尤其适用于通常受《租赁法》(MRG) 约束的合同。

应予承认的是，对前述问题的讨论有非常多的角度，并且其他观点也是完全可行的：有的人基于体系

第三章 填补性法律续造（主要是类比和限缩）

来拒绝承租人权利的"物权化"（Verdinglichung）；而另一些人的理由在于，这种在出租人权利上走弯路的做法——毕竟出租人自己根据合同就有义务针对第三人侵害来维护承租人的利益——过于复杂，因为出租人和承租人都可以要求作为侵扰者的第三人停止其违法行为。格外棘手的是第三人得到出租人许可的情形，这时，第三人就拥有自己的合法权利了。

另一个**例子**：司法裁判和学说都广泛承认，**和解谈判**能够中止谈判所涉及的请求权的诉讼时效，直到任何一方停止（这个本身值得追求的）庭外谈判。但这种观点缺少可直接或类比适用的制定法规定。有的人用**信赖原则**来证立这一观点，其他人则明确且一般地诉诸**"正义原则"**。这也是一般法律原则在实践中的重要适用情形。接着，我们就能从 ABGB 的中止规则（Hemmungsregel）中——既非直接也非类比地——推断出法律后果。（现代化改革之后的德国诉讼时效法则在 BGB 第 203 条中，明确且普遍地规定了和解谈判的中止效果。）

最后是一个非常经典的**例子**，涉及**权利外观原则**的适用，情况如下：A 作为借用人、承租人或保管人，而成为 B 之物的持有人；C 基于过失而损坏了该物，然后立即向 A 支付了损害赔偿款，C 认为 A 是蒙受损失的所有人，但 A 并未向 C 坦白。然后，作为真正的受损方和（因此也是）真正的损害赔偿债权人，B起诉了C，要求损害赔偿。在ABGB第367条的权利外观规定的意义上，A是所有人所委托之人，以至于C在该物上对A的善意必然是受到保护的。但是，第367条涉及的是善意人的所有权取得，而不是像这里，涉及向仅被信以为真的债权人付款的可能的、例外性的免除效力。在债权让与法中，ABGB第1395条中有相应的免除规定，但其具有完全不同的权利外观前提。因为根据ABGB第367条中的价值判断，A在该财物上所具有的权利外观可以归因于B，所以，同样的权利外观原则要求，保护善意付款人，因而其支付也产生免除效力。而根据ABGB第1395条的规定，尽管该法律当然在构成要件和目的方面并不适当，但仍应予认可由本条所规定的法律后果（债务免除），因为（只有）它在上述问题上充分考虑到了权利外观原则。

第四章
法律发现方法的位阶

I. 抽象的位阶问题

1. 通常的实用主义做法

法律论证实践通常按照本书所选的顺序来考虑法律方法或标准。只有当提出的问题在早期的单个或多个阶段仍不能解决的情况下,才会进一步采用后面的方法。这种做法的充分理由在于,没有人会做无用功,也没有人会为自己和他人制造不必要的麻烦。因此,每个人都要首先考虑或许可适用的法律规则本身,其**文本**是被公开颁布的,因此也是最易得的;并且评判者要借助语言经验来理解该文本,他对语言经验的掌握跟所有语言精通者一样熟练。只有在需要时,法律评判者才会探究在**体系**上有启发性的法律规定,并且在可能情形下转向有**历史**启发性的认识来源(Erkenntnisquelle),以发现立法者目的。对决定性的**制定法目**

的的客观查明提出了进一步的分析性和事实性要求，并且必然在很大程度上与或然性相伴。**填补性法律续造**要求为制定法漏洞提供——如前所述的——额外证立，并且它在与制定法的关系上，与类比更亲近，而与一般法律原则的适用则疏远些。

实践中能够预见的是，收效甚微的方法论阶段自然会被跳过。同样，在解决个案问题后仍然留存的其他问题也不会被考虑。所有这一切的发生通常都没有学术式的讨论，而是沉默且自然而然的。通常只有由多个方法阶段添加的论据才能得出充分合理的解决方案。有时，出于"**检验和强化结论**"这一特别谨慎的原因，尽管问题于（在先的）某个阶段已经得到解决，但裁判者仍会基于在后的方法做进一步把握；例如在可能性或选择性证立的意义上。这样的做法并没有什么好批判的。同样毋庸置疑的是，方法论论据通常只能通过——早就已经将它们吸纳进去的——文献和司法裁判被间接使用。

然而，我们还可以对通常的实用主义做法进行两点补充：首先，作为检验目前结论的方法，"**对比检验**"有其必要性，它借助"法理念"中的基本原则回应可能的价值判断冲突、违背事实或功能的做法，或者违背群体的广泛消极共识的做法。在对比检验中，评判者需要将那些目前还没用到的方法论手段运用到

第四章　法律发现方法的位阶

已经得出的结论上。如果不进行这样的对比检验，他就可能将目前所得到的结论的合理性（Schlüssigkeit）或充分性，建立在一个未被发现的粗糙错误上。这样的错误可能来自对语言多义性的有限认识（如"亲笔的"一词），或者对历史上的法律状态的错误构想。

其次，必须强调的是，各种方法不仅仅涉及对语言模糊性、不明确性和多义性的逐步消除；这些与问题相关的特征附着在可能待适用的法律规则上。填补性法律续造已经清楚地证明了这一点，它清楚地将制定法文本以及所有语言模糊性（"可能的文义"！）都抛诸脑后。毋宁说，凝聚在法理念中的**普遍法律价值**也会质疑这种消除模糊性的说法。因此，当人们进行了一个有合理语言根据的推导，而由此得来的解释结论却会带来明显的价值判断冲突、明确的不合目的性（事实或功能违反性），并且令人惊讶地违背广泛消极共识的时候，那么他就不可以停留在某一个方法论阶段。（否则根本就不会有借助类比推理进行的法律发现！）更确切地说——他应该在现行法界限内继续进行法律分析，直到消除了规范缺陷。只有克服了语言和规范上的问题的解决方案才是充分证立的。在这个观点下，不进行对比检验的做法并不可行：当粗糙的检验引发了质疑的时候，这将迫使我们借助尚未用到的方法阶段进行深入的论证。

但如果问题在某个特定的方法论阶段已经被解决了，而且结论符合语言要求（或者关于漏洞证立的要求），同时也符合基础的、规范性的体系要求，那么裁判者就不需要求助于进一步的方法论阶段了。

例子：众所周知，ABGB **第 431 条**在语言上，以及在与《土地登记簿法》（Grundbuchsgesetz）的有关规定的联系上，明确就物权的取得设定了登记原则（Eintragungsprinzip），并且对比检验也得出了在事实和体系上都合理的结论。因此，由于无关紧要，对这一问题——历史上的立法者或许并没有仅仅提到公开性原则（Publizitätsprinzip）——的研究就是多余的。

2. 位阶问题的理论证成

前面交代过的各个方法的次序也可以得到法律理论上的支持，以至于它们的次序关联能够被承认为**位阶秩序**（Rangordnung）。

法律发现的出发点是，以文本形式存在的规则。法律续造的出发点也是如此，解释材料则是每个人都可支配的语言经验、复杂表述（尤其是规范性表述）间的通常关联、需要去另行查明的历史材料、关于可预期的法律目的的一般经验，以及手段-目的的关联和必要的事实信息。当法律获取的材料离能够在文本上轻松确定的制定法越来越远的时候，它们也就变得更加难以获得、更加不确定了。因此**抽象且普遍地**看，在先的方法论阶段会在个案裁判过程中，承诺更多的可预测性、平等性和说理上的经济性（Begründungsökonomie）。

由此，前述的优先性关系——再次在抽象层面——得到了证成。然而，只有在特殊情形中，也即不同的方法提供了强度大致相当的、对立的论据的时候，这种优先性关系才起直接决定作用。例如，奥地利司法实践长久以来就主张，语言（以及体系关联）上明确的制定法文本，优先于从材料中获知的立法者的不同目的。

但只要各种论据的强度在具体层面上是不同的，这种抽象优先性就不能发挥任何决定作用。例如，可能的或不那么具说服力的语言用法与明确的立法者目的相对立，或者程度较弱的语言或历史提示违背了明确的客观-目的论结论。在这些情形中，要想得出最佳证立的答案，裁判者就要对这些在具体情形中发现的论据进行**全面的权衡**。

3. 其他模式

抽象的位阶问题其实并没有那么重要，然而格外激进的法学方法论批判者却认为这个问题至关重要。简言之，他们的立场是：如果不存在始终固定的方法位阶关系的话，法学方法论就是没有价值的。

然而，这种立场无论如何都是不恰当的。一方面，**在抽象层面**确实存在**固定的位阶关系**，并且它也有一定的可适用性，尽管在实践中意义不大。然而在另一方面，普遍有效的位阶关系当然是不可能的，因为任何一种方法都能够提供具有**完全不同强度的论据**：以文义解释为例，它既能展示出自明的、有说服力的语言用法，也能展现出可能的和不那么可能的语言用法。

针对这里谈到的批判，法学的通常回答是，各个**解释要素**只是**统一解释活动的一部分**，因此必须始终被并列使用。这个答案虽然足以抵御那些不切实际的批判，但却并不符合现实。只有在特别疑难的问题上，对所有的方法论阶段进行全面的考虑，并且对不同的主张及其单个结论进行审慎、比较式的分析，才是必要的。如果每一个寻常的解释活动都要求全面考虑所有可以想到的解释材料的话，那么，这种做法不仅缺乏理论性，而且（尤其）在实践中也没有前景。如果一位理性的法律评判者已经在语言阶段借助一般语言用法（至少是具有明确说服力的语言用法）解决了问题，而且全面的"对比检验"也没有产生疑惑,其结论也符合许多主张者都深信不疑的观点的话,那么他就决计不会再去进行体系研究、历史调查或者手段-目的分析了。这时的对比检验当然不需要被明确吸纳进对裁判或鉴定意见(Begutachtung)的证立中;尤其在检验结论本来就没有提供积极主张的时候。但是,这种检验对于内部的自我检验而言是不可或缺的。

II. 必要的修正

1. 特别情形中的现行法界限

法学方法论的位阶理论还有一个非常重要的要素有待阐明。这个要素是,通过(民主)合法机关来实现的,**立法的法律和平与法律安定性功能**。即便立法成果不那么成功且有问题,它们也会要求人们的尊重,因为否则,前述的功能就会陷入近乎无边际的观点争论中。一旦制定法的内容是野蛮不人道的、显然违背正义的,乃至是违背法理念的——尽管在民主法治国中这完全是例外情形——那么它也就无法再要求人们的尊重了,即便这些内容的产生在形式上十分正确,但它们实质上剥夺了该制定法的法律属性(**"拉德布鲁赫公式"**)。

例子：纳粹时代的《纽伦堡法案》*，或者苏联为秘密警察的纯粹专断职权而创制的制定法，就决然不能主张其实质上的法律属性。基于同样的方式，德国帝国法院在20世纪20年代作出的货币升值判决**就能够得到证成，该判决完全否认由《货币法》（Währungsgesetz）的实证规定所确立的货币名目主义（马克=马

---

* 《纽伦堡法案》，全称《关于公民权和种族的纽伦堡法律》，是纳粹德国迫害犹太人的一系列法律的统称，包括1935年9月15日颁布的《德国公民权法》和《德意志血统及荣誉保护法》以及同年11月颁布的13项补充法令。它规定犹太人不得成为德国公民，只能成为属民，无选举权和被选举权，不得担任公职；禁止犹太人同德意志人通婚或发生非婚性关系；禁止犹太人雇用45岁以下的德意志血统女仆；禁止犹太人从事医生职业、悬挂德国国旗等。该法律是纳粹德国展开全面排犹运动的重要标志。——译者注

** 升值判决是德国帝国法院在一战后的通货膨胀时期作出的一系列判决。德国一战战败后发生了严重的通货膨胀，通胀使得马克的购买力急剧下降。因此那些通胀之前就负债的债务人，在通胀后就能用几乎一文不值的钱还债，而债权人只能得到一堆数额不变、币值却严重缩水的钞票。德意志帝国，作为战时公债的债务人，也借助通胀从繁重的还款义务中解脱出来，因此放任通胀造成的恶性结果。当时的德国最高法院——即帝国法院——在1923年11月28日针对一起案件（债权人诉请债务人用金币而不是纸币来清偿债务）作出裁判，认为"立法者在颁布货币法的时候并未预见到纸币的大幅贬值，更不会预见到如此离谱的贬值，这种贬值在一战战败和帝国覆灭之后也越来越成为现实"。由此，法院在没有合同约定的情况下，根据变化后的币值对债务数额进行调整，也即将原合同约定的数额升值。这种做法是尤为值得关注的，因为当时的实证主义观点主张，法律续造是立法者的事，与法院无关。同时，这一判决也进一步发展了BGB中的"丧失交易基础"制度，虽然帝国法院在缺少其他手段的情况下选择了BGB第242条（诚实信用条款）作为连接点。——译者注

克)*。在难以预计的恶性通货膨胀的极端条件下,由于"规范领域的实际情况"发生大规模变动,明显不正义的制定法将会引发难以控制的社会和经济后果。

只有在这种明显例外的情形中,裁判者才会进行**"违背制定法但合乎法律"**(contra legem sed secundum ius)的法律发现,也即根据法律的原则层面进行法律发现。如果对——经常被假定可行的——"违背制定法的法律发现"(Rechtsfindung contra legem)做不同且更宽泛的理解的话,不仅无法使其发挥特定功能,而且效果也令人迷惑。

除了明显的极端情况外,立法的优先性无论如何都不可以被法律发现所推翻,虽然相较于制定法,法律发现会尽可能更接近法理念的基础法律价值。"每一个法律规范都要尽可能符合核心的法律原则",这是面向未来法的法律工作的准则,它体现在立法及其所有准备工作中,有时也会体现在法律科学的建议中。但如果现行法践行了这个准则的话,这种做法将在很大程度上抹煞**在立法和法律适用间进行**

---

* 货币名目主义主张,币面标明的数额即代表货币所具有的价值。所以1马克纸币所具有的价值即代表1马克黄金的价值。但这种名目主义并不考虑债务产生和偿还之间货币购买力的变化(如通货膨胀、货币贬值)。——译者注

功能和权力分配的合理意义。此种无限制的"法律续造",即便它自身追求一个良善的目标,也会是更大的祸端;相较而言,尊重有缺陷制定法的做法也只是更小的祸端。为了(追求)在社会中和平解决争端的更优可能性,至少直到下次制定法修订前,更小的祸端都是必须要付出的代价。

如果人们意识到,**制定法**不仅包括公开的文字和条文(**形式**),还包括规范性的人类意志(**内容**),那么这种限定就可以与上述的各种法律发现方法相协调。如果这两个要素在待适用的制定法规范中是一致的,那么借助这种一致性,(评判者)不仅完成了法律获取的过程,而且也满足了**法律发现的现行法界限**的要求。即使客观目的论据或来自法律原则层面的论据明确支持了其他解答方案的优先性,情况亦是如此。考虑到"人类境况"(conditio humana)和人们经常对立的利益,背离上述立场实际上就是在邀请人们去谈论——主要是以"写作"的方式——一切事物(尤其会去谈论有充分根据或合理的制定法规范),直至它们彻底瓦解。来自更深的法律层面的论据在法律上并不是无关紧要的,而只是不适合作为现行法适用罢了。在向立法者提出修改制定法的建议时,它们可以并且应当完全充当法律论据,而不仅仅是"政治"论据。至于人们是否会成功则是

第四章　法律发现方法的位阶

另一码事，这取决于许多并且可能非理性的因素。

例子： 在实施《欧洲支付优先权规定》（europäische Zahlungsverzugs-RL）的过程中，有人建议，也要对 ABGB 中的任意性利率规定进行灵活化处理，也即使 ABGB（从现在起）像《奥地利企业法典》（UGB）第 456 条那样与最新的基本利率挂钩。但是这一主张在政府部门的工作小组层面就已经被回绝了，理由是司法界（Richterschaft）会反对这个规定，因为改动之后的利润计算会变得过于复杂。（在商事案件中，要求法官根据"9.2%＋基本利率"来计算滞纳金，这完全是对他们的过分要求，也是对其能力的误信。）但 ABGB 第 1000 条第 1 款中的年利率始终是 4%，不管是在低利率还是高利率时期，这都会导致不切实际、不合理的结果，这一点虽然显而易见，但在现行法中却微不足道。

因此，现行法界限是通过**协调**实证法的两个组成部分得出的，也即**（明确的）制定法文义与历史上清晰可证的立法者目的**。ABGB 第 6 条在对制定法的两个要素的恰当评价中，明确证实了这一点。但是，以立法者**明显的事实错误**为基础的目的却并不重要，因为这些目的不会损害到立法者在价值判断上的特权。

在**法律续造**中，如果明显缺少可适用的制定法文本（即"超出可能文义"的情形），而立法者可证实的历史目的又表明，他并不想让有问题的案件事实产生任何法律后果，或者只是不让它产生相关讨论所关注的法律后果，那么这种情形同时也就标明了（基本的）现行法界限。

> **例子**：在德国法中，BGB 的立法者拒绝对许多合同中变动的情势予以普遍关注。[与此相反，自 2002 年以来，新的德国债法在 BGB 第 313 条中，在"行为基础障碍"这个关键词下明确承认了大量变动之情势的重要性，并且将"合同的变更（Anpassung）"规定为法律后果。]

2. 通过"功能变迁"来拓宽现行法界限

法律的**现实领域中的无数事实变化**并没有抛出任何法律问题。许多技术设备是在民法典颁布之后才发明出来的，但它们也很容易根据买卖合同和所有权让与方面的规范来得到调整，因为这些规范的文义和目的是足够抽象的，能够囊括这些新产品。在经济交往中，新出现的合同类型，也会像其他没

第四章　法律发现方法的位阶

有被制定法进一步调整的合同种类一样，在一般的法律行为法和债法中得到评判，这个过程可能会借助对有名合同中适当规则的单个类比。

如果规范领域的普遍事实，或者经验命题发生了变化，就像前面提到的石棉的例子，我们也能够基于完全无变化的起始规范，通过法律发现的事实前提的变动，得出不同的结论。相反，与规范并不相关的事实变动则不会改变法律状况。制定法规则、制定法理由和法律原则本身并不会因为事实变动而有所变化，但是如前所述，对它们的推导却会变动。

与单纯的制定法修订相比，规范体系的变动——也即形式上无变化的法律规定的内容变动——在方法论上是更成问题的，它被人们称为**"功能变迁"**，并且经常与事实变化相联系。特别是在立法者的消极目的只是通过可能规定的缺失来表达的情况下，规范领域的普遍事实可能已经明显发生了变化，以至于令人怀疑，现在的立法者，如果他今天进行全面的规范创制，是否会做出同样消极的决定。

例子：一战后突发的恶性通货膨胀导致了基本法律原则在适用结论上的变动，并且考虑到许多灾祸的产生，恶性通货膨胀也导致了对于理解相关一般条款很重要的法律意识的变动，进而导致了较新的立法者的更为肆意或偶然的部分反应。尤为明显的是，变动严重损害到债权人和债务人间的等值原则（Äquivalenzprinzip），进而导致了金钱债权人针对所有权人的肆意诋毁。针对这些当然并未在制定法中获得明确表述的变动情形，原初的BGB立法者（在1896年）并未关注到，只是做了原则性的消极决定，因而（一战后的评判者要）通过强调和承认关于"丧失行为基础"的规则来克服上述消极决定。这种克服的做法在德国就体现为，对BGB中作为一般条款的诚实信用条款（第242条）进行新的具体化。其可行性在于，基于隐含的理由，并未关注变动情形的立法者的决定背景（Hintergrundentscheidung）必须被认为是过时的。

一个功能变迁的（简单）**例子**是，纳粹时代在规范层面创制的离婚规则。根据其文本，在因破裂而离婚的情形中，上述的离婚规则借助"婚姻本质"对作为被告的无过错配偶的异议权（Widerspruchsrecht）进行了完全中立——但模糊——的限定。但是这个规则又应当服务于一个特殊目的，即促进"种族上无瑕疵的"后代的成长。在"第三帝国"覆灭之后，这个历史目的当然要被后来的有效法秩序

第四章　法律发现方法的位阶

所替换，而离婚规则的表述仍然能很好的符合后来法秩序的要求。

在功能变迁中经常出现的是，新的制定法往往会凸显出针对特定专业领域的立法者目的和价值判断，而这些目的和价值判断又与针对其他专业领域的、体系上相关的旧规定的目的相冲突。如果不消除这些冲突，就会产生不同的法律复合体之间的价值判断冲突。当冲突十分严重，以至于超过了对旧规范的解释变迁所引起的不安定性的时候，那么就**应该设定一个目前有效的客观目的**，而不是历史目的，从而消除价值判断冲突。

> **例子**：《欧洲人权公约》（EMRK）关于"剥夺人身自由的精神损害赔偿"的规定对 ABGB 第 1329 条（剥夺人身自由）的解释有决定性的"远程效力"（Fernwirkung）。此外，最初针对特定受雇者群体制定的劳动法的保护规定，在没有严重价值判断冲突的情况下，不能对那些仅仅为 ABGB（而没有为特别法）所调整的受雇者群体有所保留。因此，对于 ABGB 第 1157 条所规定的雇用人的照护义务，解释者应该进一步进行超出文义的、与其初始的有限目的相反的解释，也即通过类比进行扩张。

3. 一般条款的具体化

恰好与位阶问题相关，**一般条款的具体化**，如"善良风俗""诚实信用""重大事由""公共利益""严重不利益""经济合理的""适当的"，展现了一个特殊的问题。一般条款是有意被模糊表述的**制定法规定**，仅**包含非常少的直接信息内容**。其主要功能是，使法律在变动情形中具有一定**适应能力**，并且向那些直接支配社会的价值理念保持一定的开放。一般条款的语言内容和它在制定法中的体系定位划定了一个非常宽泛的范围；在这个范围内，对于单个问题中的具体化，这些规范为其适用设定了格外宽泛的任务。只有当人们将一般条款主要理解为，对非常不同的具体化材料进行的参照（Verweisung）时，才能较为合理地完成这些任务。因此，后述理解不仅是相互冲突的，也是错误的：它们仅仅把特定的一般条款理解为，对法律外的"所有（？）公正思考者的体面感"的参照，或者相反，仅去考虑法律内在的认识来源。更确切地说，一般条款必须被理解为**对不同内容的参照**：例如，对包括基础法律原则在内的一般法律原则的参照（如行为基础问题上的等值原则，位于人格核心领域的自由保障原则）；对所有体系上具有启发性的、与问题相关的现行法规则（及其目的）的参照，也包括对宪法规

第四章 法律发现方法的位阶

则与目的的参照；对人际交往中直接（不涉及国家机关的参与）使用的交往规则的参照，以及对既有的或在这期间产生变动的交往见解的参照。

司法裁判的任务是，对这些标准做与问题相关的强调和权衡，并让它们对眼下的问题提供必要的清晰理解。然而，由于制定法规定本身在内容上的匮乏，相较于其在更精确的规定上的任务，司法裁判在一般条款上的任务要宽泛得多。这一点是显而易见的，而且如一般条款的立法者所愿，也是不可避免的。毕竟，对**"法官法"的必要创制与适用**的参照也会延伸到一般条款中。这是最重要的方法论问题域中的一个，准确来说是在欧陆的，也即法典化的法律体系的范围内的最重要问题中的一个（对"法官法"的进一步讨论将在第五章进行）。

具体化在理论上会涉及**对一般条款的"解释"**，因为一般条款的可能文义会由于模糊性而延展得非常宽。因此，正如前述的各种具体化材料所展示的那样，具体化过程中的法律发现实际上往往与法律续造更为一致。在一般条款具体化的过程中，裁判者必须组合使用所有的法律方法，只要它们能在具体脉络中发挥作用。由于会参照交往实践和交往见解，"事物本质"也得到了较往常更多的强调。

为了连贯地适配法律体系，在发生**存疑冲突**时，

法律内部的具体化手段优先于单纯的交往规则和交往见解。因此，有必要再次通过现行法界限（包括功能变迁的可能性），在一般条款的范围内限定法律适用；也即如果一般条款违背了其他更精确之规定的明确文义，以及明确的历史上的立法者目的，那么援引该一般条款的做法就是错误的（参见关于行为基础的功能变迁的例子）。

其他涉及一般条款的功能变迁的**例子**是，宪法基本权利在私法上的"间接"（以私法规则为中介，借此使之适应宪法的）"第三人效力"，它主要借助"善良风俗"以及"诚实信用"来实现。

III. 具有特殊优先地位的合欧盟法解释？

近些年来，对于合欧盟法的解释（合指令、合联盟法的解释），人们——在各种细微差别上——从认为它具有格外重大的意义，到认为其（几乎）具有绝对的优先性，观点不一而足。确凿无疑的是，国内立法者通常有意去正确地履行其转化义务（"普遍转化意志"）。因此，合指令的解释方法总是要去选择，在何种情形下**国内的**方法规则才不会与欧盟法相违背。这个**限制**再次体现了**现行法界限**的要求：如果国内立法者在具体规范的内容上追求的东西与其表述的东西一致，那么这个规范仍必须依其内容得到适用，即便该内容本身是违背指令的。（对此仅需看一下卖方的改善义务的例子，它根据 ABGB 第 932 条第 4 款之规定为过高费用划定了界限，见第二章第五节的"2"。）

第五章
"法官法"的意义及其适用

I. 现象及其实际意义

人们将**法官法**描述成规范性命题［或者判例法、法院惯例（Gerichtsgebrauch）］，它在证立法院的裁判，特别是最高法院裁判的过程中被适用，而且并不是对实证法规定的单纯复述。

> **例子**：奥地利司法判例（Judikatur）对 ABGB 第 578 条的论述，明显超出了对规范文本的单纯引用，它具体表明，速记式记录可以很好地满足"亲笔书写"的要求，而机器书写则满足不了。

这种命题不仅仅涉及在诉讼两造间有法律效力的、特殊的个案判决本身。毋宁说，它还是作为理由的普遍化命题，**其适中的抽象程度**介于制定法规则和个案判决之间。ABGB **第 12 条**规定，个案判决不能扩大适用于其他案件。因此，该条文在文义上丝毫不涉及真正的法官法约束力的问题。

毫无疑问，即便是在欧陆，法律实践在疑难案件中最惯用的"法律发现方法"也是寻找相关的在先裁判（Vorentscheidung），也即，寻找包含法官法规则（也被称为"个案规范"）的先例，寻找可以（演绎）适用于手头的问题情形或它某个（或多个）要素的先例。当然，这些判例的适用方式完全不是美国电影中所呈现的那样：一个律师彻夜翻阅过去的裁判汇编（Entscheidungssammlung），终于找到了一个 1895 年作出的适当裁判，而后在日出之时，他疲惫但满意地进入梦乡。现在他笃定，这个裁判将助他胜诉。

适用判例的方式是评判适用者法律素养的一个良好标准：素养不足的法律人可能得出令人惊讶的错误结论，因为他们会从判例中引用一些孤立选取的语句——往往是专业刊物中一般化表述的"裁判要旨"（Leitsatz）或者数据库中的"法律命题"，并且罔顾这些命题对实际迥异的问题情况所具有的真正意义，而径直适用它们。而只有借助案件事实的语境和先前案件中的争议法律问题，我们才能充分确定这些命题的具体（"真正"）含义。

例子：尽管最高法院在完全不同背景下主张区分选择合同和预约合同，但拒绝将 ABGB 第 936 条的情势变更规定类推适用到选择合同上的做法将是出乎意料的、错误的（至少那些并不知道这个判例的人，会明确同意这一类比）。

如果人们想要就此推导得出，前面交代的方法论标准和思维过程是多余或者意义不大的，那么他就完全曲解了**判例寻找和判例适用**在实践性法律发现中的**核心意义**。这个推论虽然得到了一些人的支持，但从更多的原因来看却是错误的。首先，即使并不存在针对某个法律问题的法院判例，这个问题仍然必须得到尽可能合理的评判。其次，司法裁判中也会存在有争议的、回答不一致的问题；也会出现矛盾。最后，法官必须在充分的法律证立方面，对现有的先例进行批判性检验，而这种检验只有借助法律科学的方法论标准才可能进行。完全可以想象到的是，一个更好的论据会与存续更久的司法裁判相冲突。当该论据被法学家热烈讨论，并且收获了法院的确信时，它会得到——经常是在不同的问题解决方案的意义上的——进一步发展。

第五章 "法官法"的意义及其适用

现有的、或许统一的判例到底具有何种法律意义，这一问题在法典化体系的欧陆法秩序中格外有争议。因为——除了合法性十分可疑的单纯衡平裁判或情感裁判（Billigkeits-oder Gefühlsentscheidungen）之外——更早判例的理据必然（或应当）已经包含了方法论上正确的法律获取论据，以至于对某些先例的参照也间接地包括了对其中（至少可重构出的）方法论论据的参照，所以这种常见且细致的先例用法并不违背通常的方法规则。

基于上述原因，**先例至少被一致承认为"法律认识来源"**（Rechtserkenntnisquelle），类似于教科书或者学术论文：它们都涉及已经存在的、以法律上合理的方式来解决特定法律问题的尝试。面对与先例提出同一法律问题的当下情形，现在的评判者便能够回溯到这些先例。当他既不能完整分析相关法律问题，又无法穷尽可发现的全部论据去作出裁判时，他就必须（或应当）借助先例作出裁判。在法律实践工作中，尤其在持续的业务压力下，评判者经常要这么做。因此，把现有判例当作"对既存问题解决方案的储备"来使用，这种做法在很大程度上是合目的的、必要的。

当然，先例只能在特定范围内帮助裁判者节省独立工作中的功夫。一方面，对于还算有批判精神的法律评判者来说，有的先例由于明显不充分的证立而带有不正确的印记。明显不正确的"法律认识"事实上就不是法律认识，而只是在具体情形中做出的失败尝试。如前所述，对当前案件而言，既存判例在事实上的先例约束性（Präjudizialität）总是需要得到谨慎且分析性的检验。因此，对先例的机械使用并不是评判者自己法律思维的适当替代品。然而，这一不可能的任务——即要求每一位法律评判者在每一个法律问题上都必须探究所有表层或深层问题——给评判者自己法律思维带来的负担，能（借助判例）在很大程度上得到减轻。

无论如何，将既有的公开判例当作在可能范围内被批判性地使用的"法律认识来源"，这种做法几乎是理所当然的。从整个法律体系以及必要的、"接近真相的"经验命题中，为法律问题提供最合理的答案，这个恒久的法律任务必须——始终由于实践工作的时间紧迫性和每位评判者在手段与能力上的有限性——被相对化理解。如果想在客观上使这个目标的实现最佳化，只能通过所有——以实践和理论方式高质量地——从事法律工作的人的讨论与一致努力。法律科学可以也必然能做出显著贡献，因为法学家们往往在自己选定的问题领域中是专家，他们做研究没有时间压力，也没有即刻裁判的负担。

第五章 "法官法"的意义及其适用

从上述理由来看,这个一再出现的观点——法官智慧本身的产物要胜过专业的法律科学的所有结论[例如,"欧洲法院已经谈及(此事),因此从彼时起的法律状况便展现为:……"]——是完全错误的;而另一个今天没有人再主张的观点——教授们的认识具有原则上的优先性——也是错误的。这种特定职业优先的观念,如果它们是严肃主张的话,是非常幼稚且具倾向性的,因为重要的只能是**论据**在各自情景中所具有的**强度**,而不是谁把这些论据引入了讨论。[如果有些人对法律讨论的具体结论具有学术以外的兴趣,这可能是因为他们在相关案件中为诉讼当事人做了辩护,或者为当事人出具了法律意见书(Rechtsgutachten)。所以,我们自然有必要批判地看待这些人的论述。]但这一主张——实践法律人,主要是法律顾问(Rechtsberater),必然会对最高法院的判例予以特别的关注——与上述说法并不矛盾。在这里,事实的力量发挥着非常强的作用。

只有在法律科学的专业工作不是对前述法律任务视而不见,而是至少把它当作离理论基础工作的较远的、间接推进的目标的时候,这些工作才自然能取得丰硕的实践成果。而完全指向其他目标的法律理论的努力自然也不会白费:它们也能为完成这项法律任务提供偶然的贡献。

II. 对法官法的法律意义的争论（兼谈习惯法）

1. 基本定位

"法官法"在——涉及方法论的，虽然会将论证简化的——日常法律适用中是一种合目的、经常必不可少的手段，它的技术-信息意义是不容辩驳的，实际上也毫无争议。相反，法官法命题是否以及在多大范围内具有独立的法律意义（即**规范性意义**），这个问题则充满争议。

在欧陆法律中，也即在法典化的法律中，对这个问题的讨论始终存在分歧。鉴于这个问题的实践意义，不同观点的跨度之广是令人震惊和疑虑的。虽然法官法变得日益重要，但是它们仍然始终被认为是不合法的（illegitim），人们不久前曾将它精准描述为"方法论的窘境"。

一个**极端**是传统的、始终广为传播的观点，它安于**将司法裁判当作单纯的认识来源**，一步也不愿意迈出。该观点认为，（法官法）独立的法律意义将被极度狭窄且明确地评判为"法官的判例本身并不是什么法律上重要的东西"。从单纯法律认识来源的立场来看，这一说法是完全连贯的，因为法律评判者从何处得到他们所需的法律认识，这无关紧要；

第五章 "法官法"的意义及其适用

比如,他是否相信法律文献,如果相信的话,又是哪些流派或作品,以及他是否相信先前判例或他自己的研究。

当指出判例寻找和判例适用突出的实际意义时,就会出现一个与法律意义无关的、上述观点的新形式。它认为,既存的旧判例(仅仅)是一个有法社会学意义的事实;它们(仅,但至少)具有"事实的"或"实践的"效力或约束力(Bindungskraft);甚至,因为**"实践效力"**就足够了,所以法官法的法律属性完全不重要。

在法学这样的规范性科学中,这种说法无论如何都是不充分的。由于"效力"或"约束力"具有规范性内容,所以上述概念本身听起来就是矛盾的。但是人们也可以这么去解释,也即,即便先例缺少法律约束力,人们一般也要考虑到法律交往(Rechtsverkehr)中对它的实际遵循。但事实上还是会有个绕不开的**规范性问题**:依据目前的裁判者——尤其是负责审理的法官——的裁判职权(Entscheidungsbefugnis),他可以(有意)背离既有的判例法(Fallrecht)吗?他可以并且应当背离吗?如果答案是肯定的话,那么是在何种情形下呢?进一步去想的话,后续问题也是绕不过的:法律交往必须考虑这样的背离吗?前提是什么呢?如果事后证明,这个判断是错误的,又会发生什么呢?

对普遍的遵循倾向做的全面陈述,可能实际上是完全正确的,但其实也没有说出什么事关约束力的关键内容。这些陈述仅仅提供了在个案中作用不大的普遍预测。但它仍缺乏对核心问题的看法,即法官法在合法方式下应当扮演何种角色?当它对这个法律上的关键问题缄口不言的时候,无疑会表明发展至今的方法论仍有不妥帖之处。前面的陈述在规范性层面推出的结论是,裁判者在个案中可以遵循既有先例——有些观点在其认为具有决定性的法官裁量的范围内仍非常强调这一点,但却显得多余——也可以无视它们。尽管存在事实上压倒性的遵循倾向,法律交往仍不得不考虑无视或拒绝的可能性。所以,这种观点既无助于有裁判义务的法院,也无助于法律交往。

与认为"法官法不具有任何意义"的观点相反,另一个**极端主张**认为法官法在**法律上是重要的,因而是有约束力的**:因为制定法规则具有一般性,只是单纯的纲要(Programm);因为这些规则的内容只会是法官能从中"合乎义务地"(?)推断出的内容;因为一部制定法可能并未将法官的裁判确定下来(!),它根本就不具有任何可识别的、裁判上重要的内容,等等。所有这些说法都完全与经验相违背,

第五章　"法官法"的意义及其适用

因为简单的案件或事实要素经常能通过涵摄从制定法中立即获得毫无疑问的评判。这些观点的主张者同样会面临理论质疑，为什么人类在交流和文本理解上的困难在其他情形下经常就能被很好地克服，而立法者陈述中的类似困难却是不可克服的？同样很奇怪的是，这种不可理解性虽然遍及制定法，但却并没有影响到——总是很具一般性的（！）——法官法规则。一些这样的说法似乎不仅将基础建立在一般的认识怀疑主义上，而且建立在专门针对法律和法学的解构倾向上。

2. 法官法与习惯法

不那么极端的观点并不否认制定法中存在总体上可识别的内容，而且把法官法视为**与制定法同位阶的法律渊源**，这种观点通常基于法官法习惯法属性，而部分地将它视为法律的独立产生基础（Entstehungsgrund）。

然而这种观点同样是不恰当的。**习惯法**是在法律生活中实际有效的法律命题，这些命题的"实证化"并不是通过一个特定的、法律共同体公认的立法机关的决议来实现的，而是借助人们在法律交往中的规律行为（或完全占优势的行为）和对行为的共同确信来实现的。习惯法在共同确信——即法律确信或必要确信（opinio iuris sive necessitatis）——

这一点上区别于交往习俗（Verkehrssitte）和商业惯例（Handelsbrauch）。迥异于欧陆法系早先时代和普通法系长期以来的情况，那些直接通过法律共同体的普通成员自身的行为和意识就能产生的法律规定，在当代立法的洪流中也只剩下一点点空间了。

> **例子**：然而，奥地利法中的习惯法至少还涉及：信托制度；在人身伤害的情形中将合乎体育规则的行为或典型的体育活动用作辩护理由；乡村范围内的一些特别规则（不动产共同体的法人资格；有利于受让人的居住者间的交付合同；涉及公开的地役权的规则）；以及有限责任公司股东大会（Generalversammlung）中领导者在确认决议结果上的职权。

认为"目前没有习惯法"的制定法实证主义式的主张，无论如何都是不合理的；同样不合理的还有这种主张——它因为宪法并未提到法律的习惯法式的产生基础，而认为宪法排除了习惯法。但这个论据不过是"一般消极命题"的下位情形，并且已经失败了，原因在于，宪法的只是囊括所有的客观法律渊源，它（除国际法以外）显然仅考虑到了有意的法律创制。法律交往中习惯法的自发产生与法律创制有质的不同。

然而，由于"法律交往中的规律行为"这一**产生前提**，将法官法归类为习惯法的做法已然失败了。法官法是国家机关的产物，该机关并不想创制一般规范，而是在个案裁判之任务的范围内让法官法发挥作用。虽然如今，**"法律确信"**（opinio iuris）通常极其容易通过相应的判例得到证明，其原因或条件在于，这种确信把在法律交往中形成的命题当作具有约束力的法律来处理，从而为法律交往提供或证实相应的法律确信。法律交往中的普遍做法对于习惯法来说确实是不可放弃的。在法律交往中，一再出现的判例规则得到了广泛遵守，律师的谨慎和议论已经确保了这一点，但这还不够，因为通常所有当事人都清楚，规范命题是法院裁判而非法律交往本身的产物。当然也有可能的是，法律交往中的原初法官法规则已经在一定程度上进入实践和法律意识中，而作为基础或证明因素（Bestätigungsfaktor）的原初法官法就完全被遗忘了。（这方面的一个例子是，德国法上通过占有改定实现的让予担保。）进而，对习惯法来说，能否查明法律交往中的对应实践与判例相比是在先、同时还是嗣后才产生的，这个问题并不重要。

除了以上说法之外，还有一个有力的**归谬推理**可以反驳习惯法理论：制定法和习惯法的**同位阶性**

必然会导致，每个曾经被作出的判例，即便是通过假定的甚至可能明显不正确的制定法适用产生的，也会**立刻**废止（derogieren）与之事实上有冲突的制定法。因为（新的）假定的习惯法具有约束力了，所以这个粗糙的判例错误也不能再被纠正了。* 但相反，如果要用习惯法来实际废止制定法的话［"废弃"（desuetudo）］，我们就会面临更多的要求，也即使具有普遍法律确信的法律共同体和国家机关长期不适用某一特定的制定法规定。

上述内容展现了习惯法和法官法的核心区别：在与现行法秩序的关系中，习惯法是在法律交往中自动产生的，而法官法——除非明显违法——则至少始于，从既存的、有约束力的法律体系中进行证立的尝试。

3. 制定法的优先性

这种看法——把法官法当作有约束力之法律的独立、**同位阶**的其他来源——同样会招致类似的反驳。从每一个曾经确立的、具有直接废止效力的裁判思路出发，归谬推理仍然能派上用场，即使这些裁判实际可能是在完全违背约束它的先在法律的情

---

* 这里是援引"新法优于旧法"这一冲突规则，用作为习惯法的新判例规则来排除旧的制定法的效力。——译者注

第五章 "法官法"的意义及其适用

况下产生的：法院只是试图适用制定法，但却失败了，因为法院也可能是严重的解释错误或事实错误的受害者。但是，判例在这种情况下仍然会通过它自身的证立尝试来承认预先对其进行规定的法律体系的优先性！而这个观点——从这个法律体系中应当立刻产生与制定法同位阶的法官法，而该法官法会取代被错误适用的制定法（连同其基础）——已然在逻辑上自相矛盾了。

在这个过程中，法律上的关键点是**制定法的优先性**或"**立法者的特权**"。在这个简短的表述中，制定法优先性所指的始终都不是公开且可查阅的文本的单纯集合，而是——以习惯法为例外的——**整个法律体系**；也即制定法规则，连同作为其基础的目的和一般法律原则，还有方法论规则。因为制定法文本与具体法律问题之间存在距离，所以仅仅依靠制定法文本开展的法律适用在总体上经常是不充分的。那么，"制定法的优先性"就意味着整个约束司法实践的、预先确定的法律体系的优先性；因此也是以此为基础的、方法论上正确的法律发现结论的优先性。

如果每一个判例规则都具有与制定法等同的有效性，并且必然会作为新规则去废止与之冲突的旧制定法，那么制定法的优先性也就受到了损害。因此，ABGB 第 12 条恰当明确地排除了，法院裁判具有的与制定法等同的效力，以及它相应的向其他案件的扩张。这个条文主要涉及个案裁判本身，也由此强调了既判力（Rechtskraft）的主观界限。但是，这里所指的肯定也包括个案裁判中的法官法命题。只是这些命题能被适用到"其他案件"上。尽管它们不具备与制定法等同的效力（判决"绝不具有制定法的效力"）。但相反，ABGB 第 12 条并没有提到，这些命题绝不能具有规范性意义。

现在，许多学者费尽心力地想要从各自的实证宪法中证立制定法较于法官法的优先性。由于一些地方流行的法官法亢奋（Richterrechtseuphorie），以及相应产生的不受拘束的"法官的法律续造"，这种费力做法被视为一种约束法官法的尝试，但却是不必要的尝试。因为这完全不涉及对实证宪法规则的解释，这些规则或多或少是通过"解读"（Hineinlesen）特定原则才产生的，它们至少与整个欧陆法律圈的法律文化的结构要素（Strukturelement）有关。（但奇怪的是，在法律上拥有近乎全能权力的欧洲法院，近来正以可疑的做法危害这一点。）这个结构要素就是**国家机关和法律机关的权力和功能划分**，它一方面通过法律创制的目的和功能来实现，另一方面则通过个案裁判的目的和功能而设定。这种任务

第五章 "法官法"的意义及其适用

划分与该事实无关,即(填补性)法官法的产生在较大范围内是不可避免的。即便在制定法优先性的基础上,也同样会存在法官法。相反,如果制定法优先性无法约束司法实践的话,不同法律机关的设置——法律创制机关和个案裁判机关——就是没有意义且多余的。进而,追求立法机关多数支持的政治辩论和民主选举,也会是非常无意义的,与司法裁判相比,他们的结果至多只是建议性的。

这里所描述的结构差异及其后果,并不依赖于成文的(民主)宪法的存在,而仅依赖于前述的功能划分。绝对君主制下,制定法对裁判权(Gerichtsbarkeit)的约束在颁布 ABGB 时并无问题,也即制定法具有理所当然的优先性。ABGB 的主要编纂者策勒也着重强调了这一优先性。(另一个在这里并不直接相关的问题是,"统治者"可以在多大程度上将个案决定权归于自己或者特定的主管法院。作为专制主义的结果,答案基本上不言而喻。对此,策勒提出了一个同样会——仅是非正式和伦理上的——约束统治者的自然法原则,即法官独立性原则。)

除了这两个必然会被拒绝的极端立场——即否认法官法的法律意义和主张法官法是完整的法律渊源——之外,往往还存在一个**中间答案**,即法官法的有限约束力学说,更精确来讲是**法官法的补充性**

约束力学说。从当今宪法的民主原则中推导出的偶然反对观点并没有说服力：如果每个先例都有约束力，而每位法官都可以基于偏好去遵循或忽视某个先例，那么民主原则就起不到任何作用。

我们必须要更确切地澄清补充性约束力的前提和界限。但除此之外，从迄今的论述中我们已然能得出，法官法在我们的法律体系中的适当归类无论如何都要对规范性的约束力问题提供解答（并且不仅仅是针对先例的规律效果的社会学陈述）；并且必须**不伤及制定法的优先性**。

III. 有限约束力学说的不同进路

先例的有限约束力学说相当陈旧，这一点在迄今的表述中并不意外，并且广泛散布于瑞士文献中。但这些文献不具有任何统一性。这里只用一些例子简单说明。

作为一种得到详细说明的法官法理论，"**个案规范**"理论将（严格理解的）约束力限制在法官的**法律续造**领域，并且否认制定法解释领域中先例的约束力。从这一立场中，我们看不出如此区分的充分理由，因为如前所述，在（填补性的）法官的法律续造领域中也存在完全用于检验的法律标准。否认

第五章 "法官法"的意义及其适用

这一观点,并且基本将法官的法律续造理解为违背制定法的法律发现的人,可能会选择另一种观点。但该观点的不同前提,即放弃制定法优先性,是无法被认可的。毋庸置疑,制定法规则及其规范性基础越不确定,制定法优先性就越不会受到损害。但考虑到法律续造的合法性(Legitimität),这一点并不能证立任何范畴上的根本差别。

另一种观点认为,只有当**法律纠纷中的先例的论据没有被"攻击"**的时候,判例法才具有决定性。但该观点没有考虑到,某个延续至今的判例规则的可能不足之处和检验必要性不仅能在诉讼当事人用以攻击先例的论据中变得显而易见,而且能够由进行评判的法官自己想到,或者能从法律科学的文献中被推断出来。

另一个很有名的学说则认为,既定的法官法具有**"推定"**效力,当且仅当该法官法没有被驳倒的时候,它就是有约束力的。这一说法在结论上虽然可信,但却并未回答,怎样以及在什么条件下法官法才会(或必然)被驳倒。就此而言,它仅仅会提及那些相互对立的可靠"理由",或者完全对立的"理由",但这种做法助益不大。

同样的评价也适用于**有限遵循义务学说**。该学说仅考虑,先例的法律命题是否能够被可靠的理由所反驳，而没有就这些理由的种类和分量做任何具体说明。

IV. 补充性约束力学说

总之，法官法约束力的充分学说必须考虑到法官法在法律发现上的重大实践意义，必须回答法官法约束力的规范性问题，必须尊重制定法优先性，并且（正因此）必须尽可能为约束力的前提或背离的必要性，提供体系上稳固的、实践中可操作的说明。

从迄今的论述中可以看出，**法官法的补充性约束力学说**最好地满足了这些要求。该学说现在得到了大量认可，并且尤其与《德国商法典》中表明判例约束力的表述一致。

该学说的**核心思想**是：基础的法律原则，也即正义原则和法律安定性原则，要求我们承认既定判例的规范性约束力。这意味着，法律共同体的特定成员，即"先前"诉讼的纠纷方，在其个案中已经被国家机关（法院、行政机关）依据既定的法官法命题所处理。这必然也会唤起对与嗣后个案有关的法律交往的相应期待，这些个案与法官法中已然包含的案件要素是相似的。因此，任意的"偏转裁判"

第五章 "法官法"的意义及其适用

(Schwenkentscheidungen)并不符合基本的平等要求,并且也削弱了个案裁判的可预见性,以及法律安定性的核心要求。

不考虑其他的细微差别的话,法官法的有限约束力学说的大多数主张者也同样会依据**作为正义的平等原则和法律安定性原则**。但是,其中的单个观点要么仅依据正义标准,要么仅依据法律安定性,而且并不提供任何明显的充分说明。另一方面,如果在国家的权利保护机关(Rechtsschutzapparat)的必要**效率**的意义上,将**合目的性**这一基础法律原则补充进对判例约束力的说明中,那么这种观点就会是有说服力的。如果每个个案中的法律问题都要被彻底地重新研究的话,这不仅对司法机关提出了事实上令人绝望的苛刻要求,而且会使(成本)在必要的人员扩张下变得格外高昂;至少,认真负责的法律人并不想简单地把自己托付给作为法社会学"黑箱"的先例,而是要认真追求法律上正确的裁判。他们无论如何都需要规范性标准。

上述的**基础法律原则**也会导致对判例约束的限制,这种限制维护了(广义的)制定法优先性。作为平等的正义(正如宪法的平等原则)并不要求所有情形下的机械均等(Egalität),尤其是不公正的平等对待。要去禁止的,只是恣意的、实际上不合理的对法律共同体成员的差别对待。但只有当一个国家机关仅仅因为特定的个体偏好或群体偏好，或为了标新立异，或出于对先例的无知，或由于当前案件中的法律错误，从而想要偏离那个迄今用于对待类似情况下的人们的先例准则的时候，才会出现这种情况。

相反，如果**司法裁判的变动**服务于对这期间发现的——存在于在先裁判中的——**法律错误的修正**，或者，如果在先裁判的准则在发生变化的当代语境中变得不正确，那么**背离先例**就完全不是恣意的或没有事实根据的，而且也是——作为指引法律共同体的基本法律渊源的——制定法的优先性所要求的；这也是平等对待原则本身的要求，因为该原则要求对不等者做不同对待：只要之后的案件是在认识到法律适用错误或相关语境出现变化后才发生的，那么相同的案件就会在相关方面变得不同。

同样，法律安定性也要求尊重制定法的优先性。实证的法律创制（以及不可避免地与它相联系的、方法论中的法律发现）的主要目的在于，为法律共同体中的人类行动提供尽可能清晰的引导。只要这一目的能够被实现（例如，它不会因为制定法与案件之间不可避免的距离或者制定法的缺陷而归于失败），即使是在反复的方法论尝试中，法律安定性也会要求法律发现尊重制定法的优先性；进而拒绝与

第五章 "法官法"的意义及其适用

制定法相冲突的判例。另一个选项是针对现在被认为是恰当的、有说服力的论据，有意作出相反裁判；换言之，有意违背制定法去裁判。我们既不能要求他们这样做，也不允许他们这样做。

合目的性是国家的权利保护机关的固有界限，否则，未予详察的判例约束就会极度损害立法机关的效率。

结论是：法官法的约束性在于，它**不能仅由于约束判例的、预先确定的法律**（而非其他视角下的"可靠理由"）就**被驳斥为不正确的**。在这个过程中，由于法律科学的功能界限（Leistungsgrenze）和划分方法论论据的可能性，我们必须基于对立的解决方案来谨慎地理解"正确性"：当一个**不同于迄今法官法的问题解答规则**，能够在预先确定的法律体系中得到**（明显）更好地证立**，那么这种反驳就是成功的。这进一步涉及前面说过的法律解释、法律续造、方法论中的优先性标准，以及对对立论据的必要的全面权衡；在这些论据中，谁更少地与法律体系中的规范相冲突，并且特别是与体系上（也即在法律的证立联系上）不那么基本的规范相冲突，谁的分量就越重。

毋庸置疑，裁判时的事实状况和法律状况对于裁判的正确性来说都是决定性的。因此，我们不仅要去检验先例是否自始就是错误的，而且特别要检验，经过了法律状况和事实状况（或者我们对决定性因素的认识）的重大变动，先例是否仍然是正确的。

这不只会涉及被直接适用的制定法的明确修改。判例规则能够被制定法修改所赶超，这一点无需赘言。这也会涉及，新制定法在——之前由先例进行的——对旧规则的（体系）解释或续造上发挥的"远程效力"。

> **例子1**：《欧洲人权公约》的引进，以及它关于非物质性损害赔偿的规定，在奥地利使得对 ABGB 相关规则的——非常狭窄的——解释在体系上难以维系，并且也由此（终局性地）推翻了拒绝"剥夺人身自由的损害赔偿"的奥地利先例。

> **例子2**：在"善良风俗"（ABGB 第879条）这个一般条款的范围内，《奥地利消费者保护法》的新规则*——该规则禁止人身损害的合同免

---

* 参见《奥地利消费者保护法》第9条第1款第9项，其规定以下的合同特别规定在 ABGB 第879条的意义上不具有约束力，也即在该合同中"排除或限制了经营者的人身损害赔偿责任，或者，在其或其员工因为故意或重大过失而造成损害的情形中，排除或限制了经营者的其他损害赔偿责任"。——译者注

第五章 "法官法"的意义及其适用

责——在体系上作为 ABGB 第 879 条的具体化因素而使得相应合同失去效力,因为经营者的生命与健康法益也应与消费者的同类法益得到同等评价*。由此在善良风俗的范围内,延续至今的、考虑重大过错(grobes Verschulden)的判例规则就站不住脚了。由于一般条款的具体化会参考普遍交往观念和交往规则,所以这方面的明确变动就是决定性的;例如,通过——具有社会理由的——判例变迁来对刑法构成要件要素"淫秽的"(unzüchtig)进行新的具体化。

例子 3:前些年,最高法院曾作出了一个背离先例的裁判,该先例认为——与保证相区分的——基于担保目的的债务加入可以是不要式的,即使关于法律行为形式要求的制定法规定没有发生任何变动。最高法院主要参照的是当时加进《奥地利消费者保护法》中的规范,它们在很大程度上对保证、担保和债务加入做了同等对待。

---

* 这里的意思是,这类合同损害了消费者的生命与健康法益,但却增益了经营者的财产法益,并且完全不涉及经营者的生命与健康法益。——译者注

这些普遍事实的变动或者我们对其认识的变动是作为法律获取的前提来发挥作用的，它们能导出不同的法律结论，并由此用于反驳——原本得到充分证立的——法官法。（相反，对情况变动进行套话般笼统地援引只能起到掩饰作用。）

> **例子**：首先想到的就是前面讲过的石棉的例子，在含石棉物质的健康风险变得人尽皆知之后，对石棉的裁判*也变得不同了。类似的情形或许也适用于被动吸烟。或者：银行在向客户账户转账时会延迟计算（涉及利息的）"起息日"。最初，法院并未将这视为制定法意义上的对客户的不合理的不利益，因为计算收到转账时的确切"起息日"会带来过高的成本，而且——对客户来说——也会变得昂贵。在所有的银行都配备了现代软件程序之后，轻快便捷的即时起息就成为可能，那么上述的司法裁判就不再站得住脚了。

因此，针对法官法约束力的主要准则势必在于：当且仅当这些司法裁判规则不能——在当前语境中——被（明显）更好的理由所推翻时，那么该规

---

* 石棉是不是无损于健康的建筑材料。——译者注

第五章 "法官法"的意义及其适用

则（由于前述的基础原则）就能够继续存在；也即，（毋庸置疑）当检验（在明显更好地证立的意义上）表明它的正确性时，或者当它从优先于判例的法律体系及其方法论适用来看至少是合理的时；即使后面这个理由也适用于背离的裁判。在大致**同等分量的、相对立的法律论据**的范围内，也即**"方法论上不清楚"**的领域中，同时也是在**补充性**的领域中，前述的基础法律原则对既定法官法命题的约束起到关键作用。这个看起来具有批判性的问题——是否能够从作为正义的平等和法律安定性原则中获取解决案件的具体结论——根本就不可行，因为结论只有借助于既定的法官法规则才能显现。正是因为这些法官法规则的存在，作为正义的平等和法律安定性原则才获得了重要的、额外的适用领域。

如果一个可能相关的、**新的**、与既定法官法规则相对立的论据是由具体诉讼中的当事人提出的，或是在法律科学的研究中得到阐明的，抑或是从司法裁判本身中揭示出来的，那么（广义）制定法的优先性和——在法律背景中或与法律相关的事实背景中发生的——相关变动的可能性，就会不断要求对既定的法官法进行持续检验。因此，任何——追求特别不费事的法律发现或司法裁判的显著效率提升的——幻想都是不可行的。不过，如果在某些情形中，法律问题已经得到了彻底检验，法官也作出了裁判，而且裁判之后也没有出现新的、可能相关的反面论据，那么至少在这些情形中（以及相关范围内），合目的性是无可置疑的。

一旦出现了某个只是在方法论上可能相关的反面论据，那么**对法律问题进行重新检验的要求**，就会表明这些偶然的反对观点是毫无根据的；反对观点认为，这里支持的立场有"反动态的倾向"，或者必然会导致曾经实现的司法裁判状况的"僵化"。事实上，这里支持的仅仅是反对恣意的和保护法律安定性的立场。同样也没有反对观点会理直气壮地认为，法官不能"如此轻易地"确认多个解决方案的大致相当的合理性。毕竟这一点毋庸置疑，从来没有人会反对它。毋宁说，在检验法官法时，法律人必须——在需要（检验）的情形和它的疑难部分中——使用一整套方法论工具。不过，对进行检验的法律人所作的要求绝不比首次处理这个法律问题时更高。当只能通过"法官的个人价值判断"来解决相关法律论据间的类似僵局时，基础法律原则就会要求检验者执行这个具体、明确的解决方案——遵循先例。

有的反对观点认为，先例不能像制定法一样产生约束力，但与这里提出的补充性约束力观点相比，

第五章 "法官法"的意义及其适用

这种观点走入了完全开放的境地,因为补充性约束力当然不等于制定法约束力,而且会明确拒绝将二者等同。

另一个要被更认真对待但并不具有说服力的反对观点则认为,先例必须涉及完全相等的情形,并且必须是"论证饱和的"(argumentationsgesättigt),也即必须对每个部分问题都提供论据。因为先例约束性(Präjudizialität)显然只能就部分问题而存在,所以"完全相等的情形"这个前提并不恰当;并且,当相关的法官法规则能够适用于新情形,尽管该情形可能显现出其他的事实要素,这同样满足先例约束性的要求。

> **例子:** 对错误法(Irrtumsrecht)的法官法阐释产生自表示错误(Erklärungsirrtum)的情形,但如果这些阐释也适用于行为错误(Geschäftsirrtum)的特定事实要素的话,那么它们也能在行为错误的情形中得到考虑;例如,在 ABGB 第 871 条的意义上,做出错误行为的当事人的过错对于错误的诱因(Veranlassung)来说并不重要。

此外,按照前述的关于法官法有限约束力的法律基础,先例的论证较之——已经用于处理案件的——法官法规则本身来说是完全次要的：只有法官法规则本身，而非它的在其他情形中会变得不充分的证立，才对平等原则具有重要意义。检验表明，不考虑较弱的证立的话，同一先例的合理性可能建立在完全不同的证立上，并由此才能在平等的基础上得到维持。法律交往所预期的对象，一般只是法官法规则本身，而不是它的具体证立。当具体证立非常弱的时候，它自然就只能——至少对专家来说——产生很少的信赖。不过，这些信赖与明确可适用的平等要求相联系，也能够证成先例约束。就此而言，有限约束的"双重证立"（Doppelbegründung）就是有价值的：在一种推导是有明显缺陷的时候，另一种推导仍然能够讲得透彻。

与刚刚讨论过的反对观点不同，在方法论文献中有一种观点特别有分量，它认为本书提出的**补充性约束力学说有几个相当大的优点**：该学说以现实主义的方式去考虑实践中对待最高法院裁判的——为法官法的有限规范约束性提供理论基础的——通常做法。它避免了从"是"到"应当"的"自然主义的错误推论"的危险，以及相反的、将制定法和法律对法官的约束相对化的危险。进而，它也包含了对该事实——也即，虽然制定法规定始终不变，但有效法在适用中持续变动——的精致说明。最后，

第五章 "法官法"的意义及其适用

它也会适当地涉及法官对一般条款的具体化和不确定的法律概念。所有这一切似乎都证明，在法典化的欧陆法律中，先例的补充约束力学说对"法官法"现象做了在体系上和事实上都适当的归类。

V. 实践结果

即便在法典化体系中，制定法中的**一般条款**和类似的**不确定法律概念**，以及已经探讨过的、不同的、往往模糊或冲突的具体化材料，也构成了被正确使用的法官法的**主要适用领域**。在这些范围内，通常只有在谨慎考虑先例的情况下，才能在法律适用中实现必要最低限度的安定性和平等性。例如，合同法中的"善良风俗"、赔偿金中的"相称性"、改善费用中"不合比例的"数额、瑕疵担保法中瑕疵的"轻微性"（Geringfügigkeit），等等。由于这些理由，既有的法官法的可反驳性也受到了限制，也即，其约束力在实践中得到了扩展。但同样毋庸置疑的是，迄今关于某一特定问题的判例也可能会与目前有说服力的理由相冲突，而这些理由是从——规范性的具体化材料或与法律相关的事实的——明确变动中得出的。在该领域中，许多得到充分说理的判例变化也证明了这一点。

例子：先前普遍将卖淫合同看作违背风俗的、无效的合同，而现在背离了这一做法；另外还有将赔偿金扩张适用到没有感知能力的伤者上的做法。

适用"法官法"的标准也可以轻松适用于那些构成要件更为精确的规定。这不仅体现在迄今的判例立场的任务上，而且——由于缺少有说服力的、作为反面论据的司法裁判——也体现在对这些判例立场的坚持上。

关于司法裁判变动的例子：①背离长期以来的观点，即通过纯粹的实际交付，就能在法律行为上实现"免予登记的财产"取得；②修正以前的判例，该判例涉及对所有权保留之物进行加工的效力；③放弃这一观点，即损害赔偿债权的消灭时效可能在损害发生之前就开始计算，并且可能在损害发生之前就终止了*；④将"承租人对第三人的本权之诉"也扩张到

---

* 这种观点涉及损害赔偿之债的消灭时效起算点问题，也即，其消灭时效是从损害发生之时起算，还是自损害行为做出时起算的？结合该句内容可知，之前的观点是支持后者的。这就会导致消灭时效在损害结果发生之前就终止的情形。例如，按照以前观点的话，如果律师或公证人在拟定遗嘱时犯了错误，而这个错误在33年后才产生损害结果，那么这时被损害者的损害赔偿债权的消灭时效期间却已然终结。——译者注

第五章 "法官法"的意义及其适用

不作为请求权（Unterlassungsanspruch）上，这种扩张的做法最终被接受；⑤将雇主在病假情形下的工资续付，承认为第三人损害赔偿（Drittschadensliquidation）的情形。

这些司法裁判变动都明确依据了补充性约束力学说，同时它们也表明，认为该学说具有"反动态倾向"的立场是不可靠的。

谨慎、全面的判例检验往往（至少）也能在现在的语境中表明判例的合理性，并且由此导向对该判例的维持。

关于维持司法裁判命题的例子：①由于意思瑕疵，法院作出的（而不仅是当事人以法律行为的形式作出的）撤销合同的要求；②合意的让与排除（Abtretungsausschluss）具有绝对效力，有时也被不精确地描述为"禁止让与"（自2005年起，新创制的 ABGB 第 1396a 条强化了这一立场，因为引入该条的目的是刺破让与禁止对某个重要的部分领域的绝对效力）；③另外，与一些关于职务责任之可适用性的主张相违背，在一般损害赔偿法中保留了法院选任的鉴定人的责任。

VI. 一些细节

(1) 这里只提几个格外重要的适用法官法的细节：法官法规则在先例中通常不会以——与制定法相似的——规范表述形式呈现出来，而经常在**证立个案裁判**的过程中以描述性语句形式被表达出来；例如对某一规定的必要解释，该规定的目的，等等。在具体法律纠纷中，法官法规则的规范属性和更精确的含义，经常首先是从事实状况背景和诉讼当事人的法律论证中被"过滤"出来的。这一过程必然会在很大程度上取代对制定法的历史和体系解释。当然，对司法裁判的历史动向的查明也能提供重要提示。将一个被暂时狭义理解的法官法命题（由于命题的个案关联性，这种狭义理解很常见），类比适用到类似的——并未显现出法律上的明显差异的——事实上，这种做法经常是必要的（"从个案到个案的论证"）。

> **例子**：合同法中的保障和注意义务也会扩张到与合同（履行）明显相关的第三人，如共同居住的家庭成员。

(2) 以英美法秩序为例，我们可以将先例中的规范性命题分成两组：**判决理由**（ratio decidendi）

第五章 "法官法"的意义及其适用

和**附带意见**（obiter dictum）。属于"判决理由"的，是对于证立裁判结论而言必要的法院陈述，而"附带意见"则是证立之外的其他内容；例如，（这些"附带意见"会表现）在比较式权衡的范围内，在对未来可能情形的预先把握中，（其理由则指向）对结论的进一步阐明，对法律科学上的体系完整性的追求，或者无论什么理由。双重证立、选择性证立和可能性证立（Doppel-, Alternativ- und Eventualbegründungen）则构成了临界区域。单纯的附带意见通常并不重要；这主要是因为，这些附带意见可能并没有得到——跟实际荷载裁判的理由一样的——同等对待。因此，当这些附带意见与其他先例的判决理由相对立的时候，它们就是不重要的。

在解决**判例冲突**时，应优先考虑明显占主导地位的裁判，在这个过程中特别要考虑不利于个别"偏差裁判"（Ausreißerentscheidung），而有利于后来的、可能也更具体的判例法规则（"新法"或"特别法"）的做法。有时，法官也可以通过回溯到相关事实、更狭义地理解判例规则的方式，协调冲突的个案规范。而如果判例规则间的冲突无法被消除的话，这些规则自然也就不具有约束力了。在那些——必须由增至 11 位法官的最高法院审判庭作出终审裁判的（《奥地利最高法院法》第 8 条）——案件中，法官必须在不能消除的、相互冲突的判例规则中排除（至少）一条。

可疑的是，我们是否能够超出其**劣后性**去否认**附带意见**作为法官法的任何意义呢？这个问题并未把握住有限约束力的"双重证立"要求：一方面，单纯的附带意见并不会使法官以相应方式对待特定主体，因而也不能为平等论据提供任何直接思路。另一方面，最高法院的明确法律观点，即便没有被宣称具有裁判中的核心地位，也能实现显著的——经常被有意追求的——公开性，并且因此与法律安定性息息相关。此外，由于上述原因，可能在一段时间后发生的情形是，下级法院已经在（先例的）附带意见的意义上作出了非公开发布的、难以发现的裁判，或者法律顾问在附带意见的意义上，通过提示相应的诉讼预期去影响咨询人的行为。由此便会有许多人按照附带意见行动。所以，如果某个法官法迄今只存在于附带意见中的话（这些意见至少是合理的），人们也应该将**补充性约束力**赋予这个附带意见。

（3）最后，在**缺少最高法院先例**的情况下，其他（下级）法院的司法裁判能否发挥补充性约束力？这个问题是有争议的。根据平等原则和法律安定性的要求，肯定回答的前提在于，这些裁判是一般可得的,也即公开发布的;并且,这么做并不会削弱最高法院的特殊功能。即便是最高法院,也会受到决定性的基础法律原则的约束。但是,如果(下级法院的法官)确信,他能够在目前的背景中为相反答案提供更强的证立,那么(下级法院的先前裁判)也就跟正常的法官法一样,不再具有约束力了。

当最高法院的司法裁判与下级法院的裁判相冲突的时候,自然是前者优先,即使根据具有优先性的法律来看,两者都是同等合理的。另外,因为下级法院的影响范围必然在空间上更小,所以,下级法院的裁判也无法在可能范围内实现平等对待和法律安定性的要求。此外,合目的性层面的理由认为,如果不存在向最高法院提起上诉的程序限制的话,最高法院(的裁判)必须长期在审级构造中被普遍接受。而从实体法的角度来看,这种限制只是不相干的巧合。

VII. 司法裁判变迁是孤立问题吗?

法官法在法学方法论中的"窘境"十分明确地体现为,在今日欧陆的宽泛讨论中,人们尝试在不回答法官法约束力这个基本问题的前提下,将司法裁判**变迁**看作是**孤立的问题**。但从方法论角度来看,这种做法是要被完全摒弃的，因为只有拥有对约束问题的（基本可行的）完整立场，才可能对判例变迁抱有体系融贯的认识。

如果认为先例不具有任何法律意义，那么，可行的变动本身便是不受拘束的。相反，当先例是真正的、理所当然具有约束力的法律渊源时，那么结论必然是（先例具有）不可变动性；但至少——如果人们只满足于有限结论的话——也可以将变动的可能性限制在少数几种能被很好描述的例外情况中。如果先例只具有有限约束力，那么，先例的可行性界限或裁判变动的必要性就必然十分关键。

当人们不幸地以当今普遍存在的虚假实用主义方式孤立地看待裁判变迁，并因此从相当武断的角度对其进行论证时，这种情况虽然不足以确凿证明，人们已经丧失了连贯的、因而也是体系性的法律思维。但是，这种非体系-孤立的虚假实用主义思路就已经表明，现在很流行的**"定时炸弹理论"**（Zeitzündertheorien）——更正规的名称是**"禁止溯及既往命题"**——为裁判变迁指出了许多非常不同的可能性。

即便不容否认的是，始终都存在有分量的实体法问题，但借助随意构造的"禁止溯及既往"要求也无法解决这些问题。有时，令人完全满意的答案是不可能存在的，所以我们只能去选择那些产生最

第五章 "法官法"的意义及其适用

少坏处的做法。

例子：奥地利司法裁判中两个非常极端的情况可以提供说明。

（1）奥地利制定法并未对作为保障手段的担保（Garantie）进行详细调整。当书面形式要求对保证（Bürgschaft）而言是必要的时候（ABGB 第 1346 条第 2 款），在担保上却缺少警示性的形式规定。长期以来，司法实践也认为不要式的担保意思表示是有效的。但在大量学术批评的影响下，司法实践最终接受，保证形式的保护目的完全（甚至是更加）适于作为保障手段的担保，而且，担保因为其抽象性甚至可能比严格附随的保证更具风险。因此，最高法院（基于 ABGB 第 7 条）类比保证的形式要求，将单纯口头的担保解释成是无效的。进而，如前所述，最高法院将保证法上的形式要求逻辑连贯地扩张到保障性的债务加入上（时至今日，德国联邦最高法院都没有迈出这两步）。

（2）在 2015 年，最高法院依据相关学术观点，背离了它以往的裁判。最高法院认为，承租人享有的、由于租金降低而产生的返还请求权不再适用一般的 30 年消灭时效期间的规定，而是通过类比适用特别规定，进而会在 3 年的期限内（因届满）失效。[但后述情况一定会让人大吃一惊，即最高法院在《租赁法》第 27 条第 3 款之外，又考虑将《小花园法》(Kleingartengesetz) 中的规范当作类比基础。]

147　　这里主张的立场是反对"禁止溯及既往"的要求，但这两个例子却显得非常棘手。因为，为了与其他情形相区分，这两个例子提出了一个无疑很真实的**信赖保护问题**：那些信赖迄今的司法裁判的人会突然失去有效保障，或者因为届满失效，以惊人的速度完全失去债权的可实现性（并且输掉姗姗来迟的诉讼）。

　　在信赖保护和**法律安定性**方面，瑞士、奥地利，特别是德国（的学者们），数十年来都以美国为榜样——虽然相关的观点在美国的不同州和时期也始终是充满争议的——进行了全面的讨论，也即是否、如何以及在何种程度上，相关的法律主体对——通过解释或法律续造创设的——既定判例规则的信赖能够并且应当被保护。（极端立场甚至要求，由于前述原因，在关于形式和诉讼时效的法律中进行类比的做法是不可行的。这个立场当然会被拒绝，因为

第五章 "法官法"的意义及其适用

ABGB 第 7 条同样适用于这些规范领域。)

这个说法——即法院应当做出法律上**尽可能正确的裁判**——直到近几十年前在欧陆的法典化法体系中也是毫无疑问的。所以，如果法律检验表明，迄今的法律观点是以解释或续造时的错误为基础的，或者受到环境中的根本事实变动或法律语境中的相关方法论变动的影响而变得不正确，那么法院必须放弃延续至今的判例，作出不同裁判。

但在最近的、受美国判例法启发的讨论中，许多人——有时以非常隐晦的方式——抨击了上述观点，他们提出了"禁止溯及既往"的要求。其中最严格、最连贯的理论主张，当裁判者认识到改变法律观点的必要性时，他最初只需在裁判中对法律状况的变动进行预告，而实际上却仍根据旧的法律观点对手头案件作出裁判；也即，就裁判者自己目前的信念而言，他有意作出了错误裁判！只有当新案件的事实已经将被预告（并公布）的司法裁判变动实现了的时候，法官才应当实际上依据新的法律观念作出裁判。人们自然地用英美概念来命名这一情形，即**"预期性推翻"**（prospective overruling）。

制定法中的禁止溯及既往要求同样十分需要证立和具体化，而且司法裁判变迁的相关理论也很乐意援引这一要求。但在迄今的观点中，**司法裁判变**

迁中的禁止溯及既往要求与前者的区别已然十分清晰：法院的主要功能是依据法律体系去裁判纠纷案件。而立法者有非常宽阔的塑造空间和裁量空间，并且无论如何都不会有意做出错误的决定，即使他会进行溯及既往的调整。司法裁判对时间上在先发生的事实进行的评判，始终且必须在特定意义上是"溯及既往的"。因此，制定法和司法裁判变迁中的禁止溯及既往要求的相似性是浮于表面的，而且并不适合成为司法裁判变迁的论据。

此外，刚才概述的禁止溯及既往的理论至少要面对一个重要论点的反驳。禁止溯及既往要求在实践上必然会使司法裁判规则变得几乎不可攻击和僵化，无论该规则多么错误：如果在前面描述的意义上接受了这种禁止溯及既往的要求，那么，每个在诉讼中反对既定司法裁判的人都有可能充分认识到，法官虽然在理论上认可他的结论，但在实践中却适用明知是错误的早先观点，从而不计后果地让其对手胜诉。这必然会吓到人们，使其不敢对抗曾经作出的司法裁判，因为他在最佳情况下也只是帮到了未来的诉讼当事人，而自己则没有取得丝毫优势。但是，如果没有对纠纷案件的不满，也就没有对既定判例的检验。这种要求绝不是法律中的合理主张。

因此，有些人就**弱化**了**禁止溯及既往**的要求，

第五章 "法官法"的意义及其适用

在诉讼参与者首次实现司法裁判变动的"动机案件"（Anlassfall）中，根据现在认为正确的法律状况作出有利于他的裁判。相反，所有其他的——直到最高法院的司法裁判变动之时都仍未被裁决的——较早案件，则应当像往常一样得到裁判，也即按照新的认识状况来看得到错误的裁判。还有一些人把后述观点当成了（前述观点的）另一种形式，在其观点中，虽然让新的法律观点在所有——于裁判变动时已经交予法院审理的——案件中生效，但相反，并不考虑之后才提交到法院的"旧案件"。这个修正版本激励了那些反对错误或可疑判例的行为，而且也不认为所建议之做法违反了**正义和平等要求**，但众多同类情形中的某一个究竟能多快呈送到法院乃至最高法院面前，取决于很多偶然因素，而绝不取决于当事人利益是否值得不同的保护。对各个当事人的差别对待，如果只基于纯粹的偶然因素，而没有实质证立的话，那么就是恣意且有违平等的。

而禁止溯及既往理论中的一个精致流派看到了所有这些问题，并且放弃给出统一方案：已经决定要变动法律观点的法院自身即负有一项临时创设出过渡规则（Übergangsregel）的任务，也即，从其立场出发去规定，是否以及在何种程度上应将禁止溯及既往要求适用于个案。然而，这个文献给出的方案难免是模糊的，以至于不可能对个案中的法院规定进行还算可靠的预测。这个流派中的一些主张者甚至明确承认上述判断。当缺少其他的预先规定而只能依靠法院裁量的时候，这个判断自然也就格外有效。进而也就谈不上任何法律安定性了。当事人对迄今的司法裁判的信赖是否以及在何种程度上会被保护，这个问题的答案实际上完全是先天开放的。从实践角度来看，由于不可计算的风险，评判者按照这个观点就几乎不会去对抗曾经有根据的司法裁判；此外，这个观点还会与所有禁止溯及既往理论的基础——即法律安定性和信赖保护原则——完全对立：人们不可以信赖所有的既定司法裁判；所有的裁判都是不确定的。

无须惊讶，这一理论的基础是如此不充分，以至于几乎所有的**后续问题**都令人绝望地**充满争议**。这里只提到其中最重要的一个：如果只考虑信赖司法裁判的抽象可能性的话，那么这样做就足够了吗？或者，在个案中——这么做会严重削弱禁止溯及既往要求的实践重要性——也必须在事实上存在一个这样的信赖，它预设了对迄今判例之根本内容的具体认识（而且，该认识必须尽可能得到证据证明）？

在勾勒了禁止溯及既往理论的内部争议问题之后，我们必须针对**这些学说的所有形式**，提出一些

第五章 "法官法"的意义及其适用

基本的反对观点。首先，要提到就是——前面已经讲过的——**法院的主要功能**，即对既存的个案纠纷作出**法律上尽可能充分证立**的裁判。但是，这种做法——在认识到先前法律观点的不正确性之后，仍然应当或必须在实践上于一定程度上坚持这一错误——与法院的主要功能并不一致。偶尔也会有人提出反对意见，认为信赖原则也是法秩序的一部分，但这是站不住脚的。信赖原则并不能证立后述说法，即应当保护一方当事人对先前的——恰好不利于另一方当事人的——司法裁判的信赖，毕竟另一方当事人绝不应该为司法裁判和前者的信赖承担责任。这种信赖是由先前的司法裁判引发的，而不在于另一方当事人。它完全不可归属于另一方当事人，而且与他毫不相干。

其次，所有的禁止溯及既往理论都在不同程度上**违背了**（在方法论中作为解释、续造对象的）**制定法的优先性**要求。如果现在，法院认为这个法律问题的新答案是得到更好证立的答案，并且也是法律上的正确答案，那么，他必须毫不迟疑地采纳这个答案，因为不然的话，制定法的优先性就会因先前判例中的法律观点而受到损害。

针对所有的禁止溯及既往理论的第三个反对观点涉及前面谈过的信赖方面：我们无法理解，为什么应当被注意和保护的，是一方当事人对延续至今的司法裁判的信赖，而不是**另一方当事人对——现在展现出的——正确的法律状况的信赖**。另一方当事人至少在诉讼中也是信赖的一部分。在另一方当事人之前做出的、与实体法相关的行为中，他就已经受到了正确法律状况的指引；可能也受到了——与当时的裁判相反的——意料之外的风险的指引。虽然他的信赖也可能是有风险的，但他有正确的信赖对象。这种"片面的"信赖保护仅仅指向司法裁判，而不考虑实际的法律状况，因此是完全不合理的。

总之，结论暂时只能是否定性的：**我们反对禁止溯及既往理论的所有形式**。"旧"观点——即法院要作出法律上尽可能充分证立的裁判——仍然会被坚持，即使对于纠纷一方而言，这种观点会使得他对裁判连续性（Entscheidungskontinuität）的信赖落空。令人欣慰的是，奥地利最高法院也明确支持了这个结论。

不能否认的是，在司法裁判变动的情形中可能会出现严肃的信赖保护问题，就像前面那两个导引实例所展现的那样。因此要强调的是，对禁止溯及既往要求的讨论，虽然通常不那么乐观，但至少提供了一个问题意识，来帮助形成这个重要认识：如果没有强制性的或不可预见的禁止溯及既往的要求的话，评判者在许多情形中都可以（整个或部分地）

第五章 "法官法"的意义及其适用

在实体法层面作出矫正裁判。那么，他当然要根据其内容和目的来严肃对待相应的实体法制度和规则，而不是为了有助于"片面的"信赖保护，来工具式地"按需解释"这些制度和规则。例如，如果"损害方"根据当时的司法裁判来行动，而按照该司法裁判的要求，该行为并不违法，那么该"损害方"也就没有过错，更不会负有赔偿义务，虽然从现在的司法裁判角度来看，他的行为会被评判为违法行为。

例子：某人仅仅通过电子邮件来作出担保意思表示，也即不是以 ABGB 第 886 条要求的书面形式作出担保意思表示，并且，他蓄意通过诉诸形式缺陷以应对将来的需要来为自己辩护。直到当时，判例都还认可形式自由的要求，但相反，法律科学文献却已经展开了激烈论辩。

在一些案件中，例如在前面的两个例子中，艰难的抉择往往是不可避免的（除非像上面这个例子一样，用非常例外的情况证明权利滥用是合理的）。但是，相较于前面说过的"片面"信赖保护的后果而言，这只是更轻微的弊害。如果一开始就在纠纷方的影响范围之外，借助一个非常不令人满意的情况去标识问题状况，也即借助一个（可能）被视为不正确的司法裁判去标识问题状况，那么人们应当如何去发现一个方方面面都令人满意的答案呢？

最后，本书的全部内容只能在——旨在对平等主体间的纠纷案件作出正确裁判的——**民事法庭的日常审判活动**中得到充分运用；也即十分明确地适用于私法领域。宪法法院实施的抽象规范审查，以及欧洲法院通过先决裁定（Vorabentscheidung）对解释问题进行的抽象解答，都有其特殊性，也同样是实证法规定的对象。但对这些领域的进一步讨论，本书就不能顾及了。

推荐书目[*]

《法学方法论入门》一书意在提供导引或者总结性的温习。基于这个目的,细致的文献说明或者脚注引用都是不必要的;一些读者甚至会因此而倍感惊惧。不过,还是要为尤其感兴趣的读者列一些进一步的书目提示。作为例示的下述书目仅涉及德语区的出版物,并且在数量上得到有意缩减(当然必须承认的是,我对书目的拣选并不能完全摒弃个人因素)。

1. 一般性的方法论文献

Bydlinski Franz, Juristische Methodenlehre und Rechtsbegriff, Aufl. 2, 1991, Nachdruck 2011.

弗朗茨·比德林斯基:《法学方法论与法概念》,第 2 版,1991 年初版,2011 年再版。

---

[*] 作者的写法是"书名+简要的推荐语"。这里将书名另起一行进行翻译,然后推荐语置于下一行,并对中译本另做补充说明。

推荐语：内容全面，细节丰富；重点是奥地利私法。

Engisch, Einführung in das juristische Denken, Aufl. 11, 2010.

恩吉施：《法律思维导论》，第 11 版，2010 年。（中译本参见［德］卡尔·恩吉施：《法律思维导论》，郑永流译，法律出版社 2014 年版。）

推荐语：经典的导论作品。

Kerschner, Wissenschaftliche Arbeitstechnik und Methodenlehre für Juristen, Aufl. 6, 2014.

克施纳：《写给法律人的科学操作技术与方法论》，第 6 版，2014 年。

推荐语：面向实践的作品，重点是奥地利私法。

Kramer, Juristische Methodenlehre, Aufl. 5, 2016：

克莱默：《法学方法论》，第 5 版，2016 年。（中译本参见［奥］恩斯特·A. 克莱默：《法律方法论》，周万里译，法律出版社 2019 年版。）

推荐语：一部充满细致证明的简短作品；重点是瑞士私法。

Larenz, Methodenlehre der Rechtswissenschaft, Aufl. 6, 1991.

拉伦茨:《法学方法论》,第 6 版,1991 年。(中译本参见 [德] 卡尔·拉伦茨:《法学方法论》,黄家镇译,商务印书馆 2020 年版。)

推荐语:经典作品,重点是德国私法。

Larenz/Canaris, Methodenlehre der Rechtswissenschaft, Aufl. 3, 1995.

拉伦茨、卡纳里斯:《法学方法论》,第 3 版,1995 年。

推荐语:篇幅缩减、内容更新的学生版。

Möllers, Juristische Methodenlehre, 2017.

默勒斯:《法学方法论》,2017 年。(中译本参见 [德] 托马斯·M. J. 默勒斯:《法学方法论》,杜志浩译,北京大学出版社 2022 年版。)

推荐语:长篇幅的当代作品。

Müller/Christensen, Juristische Methodik I, Aufl. 9, 2004.

穆勒、克里斯滕森:《法学方法论 I》,第 9 版,2004 年。

推荐语:重点是德国公法。

Puppe, Kleine Schule des juristischen Denkens,

Aufl. 3, 2014.

普珀:《法学思维小学堂》,第 3 版,2014 年。(中译本参见 [德] 英格博格·普珀:《法学思维小学堂》,蔡圣伟译,北京大学出版社 2024 年版。)

推荐语:导论作品,重点是德国刑法。

Zippelius, Juristische Methodenlehre. Eine Einführung, Aufl. 11, 2012.

齐佩利乌斯:《法学方法论导论》,第 11 版,2012 年。(中译本参见 [德] 齐佩利乌斯:《法学方法论》,金振豹译,法律出版社 2009 年版。)

推荐语:简短的导论性经典作品,面向德国法,重点是法理论。

2. 针对法律基本问题和方法论特殊主题的文献

Adams, Ökonomische Theorie des Rechts, Aufl. 2, 2004.

亚当斯:《法的经济学理论》,第 2 版,2004 年。

Alexy, Theorie der juristische Argumentation, Aufl. 3, 2004.

阿列克西:《法律论证理论》,第 3 版,2004 年。(中译本参见 [德] 罗伯特·阿列克西:《法律论证理论》,舒国滢译,商务印书馆 2019 年版。)

Bydlinski Franz, System und Prinzipien des Privatrechts, 1996, Nachdruck 2013.

弗朗茨·比德林斯基:《私法的体系与原则》,1996 年初版,2013 年再版。(中译本参见 [奥] 弗朗茨·比德林斯基:《私法的体系与原则》,曾见等译,中国人民大学出版社 2023 年版。)

Bydlinski Franz, Der Begriff des Rechts, 2015.

弗朗茨·比德林斯基:《法律的概念》,2015 年。

Koller, Theorie des Rechts. Eine Einführung, Aufl. 2, 1997.

科勒:《法律理论导论》,第 2 版,1997 年。

Riesenhuber (Hrsg.), Europäische Methodenlehre, Aufl. 3, 2015.

黑森胡伯编:《欧洲方法论》,第 3 版,2015 年。

Schäfer/Ott, Lehrbuch der ökonomischen Analyse des Zivilrechts, Aufl. 5, 2012.

舍费尔、奥特:《民法的经济学分析教科书》,第 5 版,2012 年。

关键词索引

（页码为本书边码）

Ähnlichkeitsschluss siehe Analogie "相似性推理"参见"类比"

Allgemeiner negativer Satz 一般消极命题 83 f, 103, 127

Analogie 类比 89 ff, 95, 97 f, 146

 —Gesamt-bzw Rechtsanalogie 整体类比或法律类比 93 f

 —Gesetzes-bzw Einzelanalogie 制定法类比或单个类比 92 f, 114

Analogieverbot 类推禁止 25

Argumentum a maiori ad minus 举重以明轻 94 f

Argumentum a minori ad maius 举轻以明重 94 f

Argumentum ad absurdum 归谬推理 52 ff, 128 f

Argumentum e contrario 反面推理 90 ff

Auslegung 解释

 —Bedeutung der Rechtsinstitute 解释法律制度的内涵 47 ff

 —einfache historische 简单的历史解释 38

 —von Einheitsrecht 统一法的解释 67 f

 —europarechtskonforme 合欧洲法的解释 62 f, 119

 —gespaltene 分裂的解释 66 f

 —grammatische 语法解释 22 ff

 —Grundsatz autonomer 自主解释的原则 67 f

—historische 历史解释 92 f, 114

—historisch-teleologische 历史-目的论解释 38

—nach der Natur der Sache 符合事物本质的解释 49 ff

—objektiv-teleologische 客观-目的论解释 40, 43 ff

—rechtsvergleichende 比较法解释 58 ff

—richtlinienkonforme 合指令的解释 62 ff, 119

—systematisch-logische 体系-逻辑解释 32 ff

—teleologisch-systematische 目的论-体系解释 46 ff

—unionsrechtskonforme 合联盟法的解释 62 ff 119

—verfassungskonforme 合宪性解释 55 ff

—entsprechend vorrangigem Recht 符合上位法的解释 55 ff

—wörtliche 文义解释 27 ff

Auslegungskanones 解释规准 27

Auslegungsmaterial 解释材料

—der grammatischen Auslegung 语法解释的解释材料 28

—der historischen Auslegung 历史解释的解释材料 36 ff

—der objektiv-teleologischen Auslegung 客观-目的论解释的解释材料 44 f

—der systematisch-logischen Auslegung 体系-逻辑解释的解释材料 32 f

Auslegungsmethoden, Rangverhältnis 解释方法、位阶关系 36, 109 ff

„Auslegungsmonopol" des EuGH 欧洲法院的"解释垄断" 63

Auslegungsziel 解释目标

—objektives 解释的客观目标 35 f

—subjektives 解释的主观目标 35 f

Begriffshof 概念晕 30 ff

Begriffskern 概念核 30 ff

Beidseitige Rechtfertigung von Rechtsfolgen 对法律结论的双向证成 78 f

Bewegliches System 动态体系 99

Deduktion 演绎 28 ff

Diskurstheorien 商谈理论 71 f

Dual-Use-Fälle 双重使用情形 66 f

Einheitsrecht 统一法 67 f

Europäischer Gerichtshof 欧洲法院 63

Funktionswandel und Lex-lata Grenze 功能变迁与现行法界限 89, 114 ff

Generalklauseln 一般条款 22, 141
—Konkretisierung 一般条款的具体化 117 f

Gerechtigkeitsidee 正义理念 78

Gerichtsgebrauch siehe Richterrecht "法院惯例" 参见 "法官法"

Gesetzeslücke 制定法漏洞 84, 85 ff

Gesetzesmaterialien, Bedeutung bei der historischen Auslegung 制定法材料及其在历史解释时的意义 37

Gesetzespositivismus 制定法实证主义 19, 73 f

Gesetzeszweck 制定法目的 37 f
—Ermittlung 查明制定法目的 44 ff
—objektiver 制定法的客观目的 43 f

Gesetzgeber 立法者 40 ff
—Begriff 立法者概念 42
—formeller 正式的立法者 42 f

关键词索引

—Kollektivwille 立法者的集体意志 41 f

—Wille 立法者意志 36

Gewohnheitsrecht 习惯法 127 ff

Gleichheitsgrundsatz 平等原则 46，92，134

Gleichmaßgebot 平等要求 46，136

Größenschluss 当然推理 49，94 f，105

Grundelemente des Rechts 法律的基本要素 100

Grundsatz 原则

—der Gerechtigkeit 正义原则 21 f，46 f，87，100，106，133 ff

—der Rechtssicherheit 法律安定性原则 21 f，25，52 f，58，100，133 ff

—der Zweckmäßigkeit 合目的性原则 21 f，43 f，51，58，100，134

„Homo oeconomicus" 经济人 61 f

Interpretation siehe Auslegung "解释（Interpretation）" 见 "解释（Auslegung）"

Juristische Arbeit 法律工作

—Grundmodell 法律工作的基本模式 18

—„Urmethode" 法律工作的元方法 19

—Ziel 法律工作的目标 18

Juristische Methodenlehre 法律方法论

—Besonderheiten verschiedener Rechtsgebiete 不同法律领域的方法论特点 23 ff

—grundsätzliche Einheitlichkeit 原则上的方法论统一性 23 f

—im Kartell- und Steuerrecht 卡特尔法和税法中的方法论 25

—im Verfassungsrecht 宪法中的方法论 24 f

Legaldefinitionen 法律定义 27

Lex-lata-Grenze 现行法界限 56, 88, 111 ff, 119

　　—Hinausschiebung durch Funktionswandel 通过功能变迁来拓宽界限 114 ff

Lex-posterior-Regel 新法优于旧法 34

Lex-specialis-Regel 特别法优于一般法 34

Lücke 漏洞

　　—echte 真正漏洞 87 f

　　—teleologische 目的论漏洞 87

Methodenlehre 方法论

　　—Gegenmodelle 方法论的对立模式 19 ff

　　—der Jurisprudenz 法学方法论 18

　　—Notwendigkeit 方法论的必要性 18 f

Natur der Sache 事物本质

　　—Auslegung nach der 符合事物本质的解释 49 ff

　　—und Prinzipienermittlung 事物本质与原则查明 99 f, 104

Natürliche Rechtsgrundsätze 自然的法律原则 97 f

Negativer Satz siehe allgemeiner negativer Satz "消极命题"见"一般消极命题"

Normen, Rangfolge 规范的位序 55 ff

Normenwiderspruch 规范冲突

　　—formell gleichrangiger Normen 形式上同位阶的规范间的规范冲突 57 f

　　—nicht gleichrangiger Normen 不同位阶规范间的规范冲突 55 f

Obersatz 大前提 29

关键词索引

Obiter dictum 附带意见 143 f

Ökonomische Analyse des Rechts 法律的经济分析 60 ff

Paktentheorie 协议理论 42 f

Präjudizienrecht siehe Richterrecht "判例法"见"法官法"

Prinzipien 原则

—Beschaffenheit 原则的性质 102 ff

—als Optimierungsgebote 作为最佳化命令的原则 76 f, 99

—als Wertungstendenzen 作为价值判断倾向的原则 99 f

Prinzipienabwägung 原则权衡 70, 77

Prinzipienlücke 原则漏洞 87 f, 102 ff

—Ähnlichkeitsprüfung 原则漏洞的相似性检验 102

—Vollständigkeitsprüfung 原则漏洞的完整性检验 102

Radbruch'sche Formel 拉德布鲁赫公式 111 f

Rangverhältnis der Auslegungsmethoden siehe Auslegungsmethoden, Rangverhältnis "解释方法的位阶关系"见"解释方法"和"位阶关系"

Ratio siehe Gesetzeszweck "法理"见"制定法目的"

Ratio decidendi 判决理由 143

Rechtfertigung von Rechtsfolgen, beidseitige 对法律结论的证成、对法律结论的双向证成 9, 78 f

Rechtsbegriff 法概念 17

Rechtsfindung contra legem secundum ius 违背制定法但合乎法律的法律发现 112

Rechtsfindungsmethoden, Rangverhältnis siehe Auslegungsmethoden, Rangverhältnis "法律发现方法"和"法律发现的位阶关系"见"解释方法"和"解释方法的位阶关系"

Rechtsfortbildung 法律续造

——ergänzende 填补性法律续造 80 ff

——Verhältnis zur Auslegung 法律续造与法律解释的关系 80 ff

Rechtsgrundsätze 法律原则

——allgemeine 一般法律原则 97 ff

——natürliche 自然法律原则 97

„Rechtsidee" "法理念" 21, 58, 100

Rechtsimperialismus 法律帝国主义 59

Rechtslücke 法律漏洞 83

Rechtsprechungsänderung und Vertrauensschutz 司法裁判变动与信赖保护 133 ff, 145 ff

Rechtsrealismus 法律现实主义 20

Rechtssicherheit 法律安定性 52

Rechtsvereinheitlichung 法律一体化 59 f

Reduktion, teleologische 限缩、目的论限缩 95 ff

Restriktion siehe Reduktion "限缩（Restriktion）" 见 "限缩（Reduktion）"

Richter als Repräsentant der Rechtsgemeinschaft 作为法律共同体之代表的法官 43

Richterliche Eigenwertung, Zulässigkeit 法官的个人价值判断及其可行性 23 f, 43 f

Richterrecht 法官法 120 ff

——Hauptanwendungsbereich 法官法的主要适用领域 141 f

——normative Bedeutung 法官法的规范性意义 124 ff

——obiter dictum 附带意见 143 f

——ratio decidendi 判决理由 143

—als Rechtserkenntnisquelle 作为法律认识来源的法官法 120 ff

—subsidiäre Bindungskraft 法官法的补充性约束力 131, 133 ff

Richtlinien der EU, Umsetzung 欧盟指令及其转化 63 ff

—„Generalumsetzungswille" 普遍转化意志 65, 119

Sachverhalt 事实

—Beschreibung 对事实的描述 29

—Feststellung 对事实的确认 19

Schlusssatz 结论 29

Sprachgebrauch 语言用法

—allgemeiner 一般语言用法 28, 31

—spezieller 特殊语言用法 28

—überwiegender 压倒性的/有说服力的语言用法 28

Strafrecht, Analogieverbot 刑法中的类推禁止 25

Subsumtion 涵摄 28 ff

Syllogismus 三段论 29

System, bewegliches 动态体系 99

Teleologische Reduktion 目的论限缩 95 ff

Telos 目的 37 f

Theorienbegriff 理论概念 72

Topik 论题学 71

Umkehrschluss 反面推理 89 ff

Umsetzung „überschießende" 转化以及"超额"转化 66

UN-Kaufrecht, Auslegung 联合国货物买卖合同公约及其解释 59 f, 68

Untersatz 小前提 29

Unvollständigkeit, planwidrige 不完整性以及违反计划的不完整性 85 f

Verhaltensökonomie 行为经济学 62

Vertrauensschutz 信赖保护 147 ff

Wertungswidersprüche, Vermeidung 价值判断冲突、避免价值判断冲突 47

Wirtschaftliche Betrachtungsweise 经济学考察方法 26

Wortsinn, möglicher 文义、可能文义 81

声　　明　　1. 版权所有，侵权必究。

　　　　　　2. 如有缺页、倒装问题，由出版社负责退换。

图书在版编目（CIP）数据

法学方法论入门／（奥）弗朗茨·比德林斯基，（奥）彼得·比德林斯基著；吕思远译. -- 北京：中国政法大学出版社，2024.6
　ISBN 978-7-5764-1500-1

Ⅰ. ①法… Ⅱ. ①弗… ②彼… ③吕… Ⅲ. ①法学－方法论 Ⅳ. ①D90-03

中国国家版本馆CIP数据核字(2024)第108045号

出 版 者	中国政法大学出版社
地　　址	北京市海淀区西土城路25号
邮寄地址	北京100088 信箱8034分箱　邮编100088
网　　址	http://www.cuplpress.com (网络实名：中国政法大学出版社)
电　　话	010-58908289(编辑部) 58908334(邮购部)
承　　印	固安华明印业有限公司
开　　本	850mm×1168mm　1/32
印　　张	8
字　　数	130千字
版　　次	2024年6月第1版
印　　次	2024年6月第1次印刷
定　　价	45.00元